나는 더 천천히 부자가 되기로 했다

사업가 투트랙이 생각하는 진짜 부자의 의미

나는 더 천천히 부자가 되기로 했다

이규환(투트랙) 지음

M mindset

"오늘은 바느질 몇 개 있어?"

나의 어머니는 서울에서 작은 의상실을 운영하며 나와 내 동생을 홀로 키우셨다. 그녀는 두 남매의 어머니이자 가장으로서 가족을 지키려는 책임감을 본인의 인생과 맞바꾸신 분이셨는데, 일과의 모든 시간을 낮과 밤 가리지 않고 손이 베이는 고통을 참으며 하루가 멀다 하고 쌓이는 바느질을 쉬는 날 없이 혼자 묵묵히 해내셨다. 나는 매일 아침 눈을 뜨자마자 의상실로 내려가 항상 같은 자리에서 바느질과 다림질을 하는 어머니의 옷을 잡으며 늘 같은 질문을 하곤 했다. 내 질문에 대한 어머니의 대답이 그날 우리 가족의 하루를 책임진다고 생각했기 때문이다.

내 어린 시절 기억 속에는 늘 나보다 늦게 잠자리에 드는 어머니의 모습만이 남아있다. 내 기억에 어머니가 아침까지 잠을 주무시고 있는 모습은 한 번도 본 적이 없었다. 그럼에도 불구하고 우리 집의 상황은 나아질 기미가 보이지 않았다. 나는 늘 매일이 불안했고, 꿈을 가질 수 있는 우리 가족의 행복한 미래는 나 스스로가 책임져야만 한다는 생각에 아주 어린 나이였을 때부터 학업보다는 늘 부자가 되기 위한 방법을 고민했다. 사실 내 현실은 부자가 되기로 선택할 수 있었던 상황이 아니라 반드시 부자가 되어야 했다.

학교에서는 남녀 상관없이 누구든지 근면 성실하게 공부를 하고 좋은 대학에 들어간 다음, 직장을 구해서 열심히 일하면 부자가 될 수 있을 거라고 가르쳤다. 그 당시 학생 신분이었던 나는 그 말이 부자가 될 수 있는 유일한 방법이라는 생각이 들었기에 그 길로 학업에만 열중하며 단 한 가지 목표만 마음에 품은 채 청소년 시절을 보냈다. 누구보다 뛰어나지도, 그렇다고 부족하지도 않은 정말 평범했던 내 머리로 지독하게 공부했던 것 같다. 어머니의 끈기와 부지런함을 물려받은 덕분에 나름 대한민국에서 인정받는 대학에 들어가게 되었고, 누구나 꿈꾸는 대기업에 취직했다. 나는 그렇게 대학을 졸업하고 그토록 바라던 부자의 길 초입에 들어선 것만 같은 기분에 취해 있었다.

하지만 현실은 달랐다. 바늘구멍보다 뚫기 힘들다는 대기업 공채에 당당하게 붙었음에도 여전히 나는 가난했다. 그때 깨달은 것이 있다면, 난 어린 시절부터 부자를 마치 한 가지의 직업이라고 생각했다는 것이다. 부자가 되기 위한 과정과 미래를 설계하는 것이 아닌, 단지 부자가 되기 위해 내 10~20대 시절을 쏟아부었던 것이다. 막상 내가 처한 현실은 대한민국의 한 기업에서 정규직으로 일하는 평범한 직장인, 그뿐이었다. 당시, 나는 아무것도 모르고 부자를 갈망하던 어린 시절의 이규환으로 돌아간 것만 같은 기분이 들었다. 내가 바랐던 여유로움과 행복한 삶을 누리는 부자가 아닌, 또다시 밤낮 고민하며 일을 해야 하는 사람이 되어 있던 것이다. 마치 원점으로 되돌아간 것 같아 겁이 났다.

'내가 과연 다시 시작할 수 있을까?'
'어디서부터 어떻게 다시 시작해야 할까?'

아무런 대비조차 없었기에 내가 유일하게 할 수 있는 것은 손에 잡히는 대로 모든 것을 다 하는 것뿐이었다. 그렇다고 처음부터 사업을 본업으로 돌린 것은 아니다. 생계는 유지해야 했기에 퇴사는 하지 못했고 직장 생활을 하며 동시에 할 수 있는 부업들을 위주로 찾아보기 시작했다. 나 또한 여러 수강생처럼 돈 벌 수 있는 방법을 알려준다는 교육을 수없이 찾아다니며 수강하곤 했다. 2007년도 그 당시 크게 유행했던 재테크에도 관심이 생겨 숙대 입구 앞에 위치한 ○○옥션에 직접 가서 수업을 들은 적이 있는데, 거금이었던 30만 원을 들고 또 다른 큰 꿈을 이뤄보고자 당차게 들어갔다가 후회하며 나온 기억도 생생하다.

실패로 돌아오는 결과에 때론 내 목표를 의심한 적도 많다. '내가 정한 목표가 너무 과분했을까?'라는 자괴감도 사실 많이 들었다. 성공한 사람들과 부자인 사람들은 돈 벌기가 쉽다고 말하는데, 나에게 부자는 어떠한 노력을 해도 잡히지 않는 뜬구름처럼만 느껴졌다. 그렇다고 과연 내가 모든 것을 포기했을까? 절대 그렇지 않았다. 이제는 남들이 다져 놓은 길을 가보는 것이 아닌, 나 스스로 새로운 길을 만들어 보고자 마음을 굳게 먹고 그렇게 2009년 이맘때쯤, 이커머스 사업 시장에 처음 발을 들였다.

'나는 아직도 배가 고프다.'

대한민국 국민이라면 한 번씩은 들어본 명언일 것이다. 나 또한 마찬가지로 계속해서 나의 성공을 위해 아직도 부지런히 내 사업을 진행 중이다. 연 200억 매출을 내는 회사의 오너라도, 하루가 원활하게 흘러간다면 여전히 닥쳐올 내일이 걱정되는 평범한 사업가로 살아가고 있다. 투트랙이 아닌 이규환은 아직 완벽하게 이룬 것이 없다고 생각한다. 하지만 8살의 이규환이 잡았던 목표는 아직까지도 내 초심으로 자리 잡고 있다. 목표 달성을 꿈꾼다면 어떠한 성과에도 반드시 초심을 잃지 않는 것이 좋을 것이다.

나는 이 책이 또 다른 부자를 꿈꾸는 1인 사업가들에게 도움을 줄 수 있는 기회가 되었으면 한다. 16년이라는 긴 시간 동안 나 홀로 이커머스 시장에서 살아남기 위해 수많은 성공과 실패를 겪어왔던 내 경험담이 또 다른 투트랙을 꿈꾸는 누군가에게 위안이 된다면 이 책이 쓰인 이유는 충분하지 않을까 싶다. 당신이 품은 꿈과 목표의 크기가 얼마만 하든 늘 건강한 마인드로 성장하는 사업가가 되길 바란다.

차 례

PART 2
부자가 되고 싶다면 알아야 하는 것들

PART 3
실패를 뛰어넘어 부와 성공으로 가는 길

PART 4
새로운 시대의 새로운 부자가 되려면

PART . 1

성공하고 싶다면
꿈을 현실로 만들어라

─ 부자가 되고 싶은가?

누구나 저마다의 '부'에 대한 열망과 욕심이 있다. 모두 그 '부'를 얻기 위해 부동산과 재테크 혹은 주식 투자까지 다양한 시도들을 한다. 정보화 시대의 발달로 근래 몇 년간 10대부터 70~80대까지 '부'를 좇으려는 연령층은 예전 과는 다르게 점점 더 넓어지는 중이다. 나 또한 모두가 갈망하는 그 '부'를 얻기 위해 20대에 첫 직장 생활을 시작으로 이제는 10만 유튜버이자 연 매출 200억 회사의 오너가 되었다. 이렇게 되기까지 긴 시간 인내하며 배운 것들을 '부'를 꿈꾸는 당신에게 공유하고 싶다.

출발선은
모두 같다

누구나 사업을 시작할 때의 출발선은 같다. '헛소리 마. 난 자본금도 없고, 인맥도 없는데 어째서 출발선이 같다는 거야?', '난 부업으로 시작하는 상황인데 어떻게 전업하는 사람과 같을 수 있겠어?'라며 누군가는 내 생각에 궁금증을 던질 수 있다. 하지만 자세히 들여다보면 저마다 사업 진행에 있어서 방해 요소는 다양하고 끊임없이 일어난다. 나는 이 사업을 하면서 많은 사람과 다양한 사연들을 곁에서 지켜보았다. 자본금이 많아 여러 가지를 시도할 수 있는 사람들 혹은 자본금이 없어 최소한의 비용으로 샘플을 팔아가며 진행하는 사람들, 시간 투자를 많이 할 수 있는 사람들 혹은 하루에 1시간 이하로만 사업 진행이 가능한 사람들까지 말이다. 이들 또한 처음엔 시작점이 다르다고 생각했다. 하지만 결국 같은 고민을 하고 같은 어려움을 겪으며 사업을 진행해 가는 것을 보게 되었다. 나를 포함해 사업을 오래한 사람들은 시작점을 걱정하고 차별성을 느낀다는 사업 스타터들에게 "시작점은 누구나 아무런 차이 없이 동일한 상황에서 진행된다"라고 분명 이야기해줄 것이다.

내가 처음 이커머스 사업을 시작했을 때는 이 업계에 경쟁자나 전문으로 사업을 하는 사람들이 없었다. 그렇기 때문에 관련 정보를 얻을 수 없어서 다양한 제약들이나 생각지 못한 변수들이 많이 생겼다. 하지만 지금은 어떤가? 인터넷에 단순 '이커머스'라는 단어만 검색해도 다양한 안내와 정보들을 제공해주는 사람들과 매체들이 차고 넘친다. 그 덕에 이 일을 시작하려는 사람들도 많아졌고 하루하루 셀러들이 늘어나고 있다. 그렇다면 과연 나와 그들이 출발선에서 위기의식을 느껴야 할까?

나 같은 경우 2019년 2월 처음 유튜브를 시작했을 당시, 이미 부업 관련 콘텐츠나 이커머스 사업 관련된 콘텐츠로 자리 잡은 유튜버들이 꽤 있는 상황이었다. 그때 당시만 해도 나는 유튜브 분야에서 어떠한 성과를 이루고자 목표를 가지고 시작한 것이 아니었다. 이미 내 사업에서는 만족을 하고 있었던 터라 현재 내가 사업을 잘하고 있는 것인지 확인해 보고 싶은 마음과 사업가 투트랙의 기록을 남기고자 하는 단순한 마음으로 시작한 것이다. 유튜브에서 이루고자 하는 목표를 세우고 진행하는 것이 아닌, 단순 투트랙을 위한 유튜브 영상을 만들다 보니, 다른 유튜버들처럼 구독자의 마음을 움직이는 콘텐츠보다는 사업가 투트랙의 사업 이야기 위주로 콘텐츠를 제작했다. 시중에 많이 업로드되어 있던 이커머스 관련 교육용 영상이 아니라 제3자들은 모르는 이커머스 사업가들의 공감성을 끌어낼 수 있는 내용 위주가 되자, 이러한 부분들을 공감해주고 좋게 봐주는 분들이 모여 만 명의 구독자를 보다 빠르게 달성할 수가 있었다.

내 손으로 직접 만 명의 구독자를 찍는 경험을 해보니, 나 또한 이미 자리 잡고 있는 유튜버들처럼 유튜브를 통해 이커머스 시장에서 하나의 브랜드가 되어 보자는 욕심이 생기기 시작했다. 1만 구독자에서 12만 구독자 달성까지 시행착오와 더불어 투트랙 전문 유튜브 팀을 꾸리려고 많은 노력과 마인드 컨트롤을 거쳤기에 여기까지 올 수 있었다고 생각한다.

결론은 어떠한 일을 하든 가장 중요한 건 마음가짐이라는 것이다. 이 내용을 들은 사람 중 일부는 시중에 판매되는 모든 사업 관련 서적에서 공통적으로 다루는 사업가 마인드 내용이라 뻔하게 느껴질 수도 있다. 하지만 시작하는 그들과 나 또한 많은 돈을 벌려고 시작하는 것이 아닌가? 돈을 벌 수 있는 기회나 계기에 있어서 애매한 마음가짐은 큰 독이 된다. 16년 차 사업가로서 이 글을 읽고 있는 당신들에게 한 가지 당부하고 싶은 말은 부자를 꿈꾸게 되는 큰 동기부여와 간절한 마음가짐 혹은 '부'에 대한 절박한 결핍들이 모여 결국 큰돈을 벌 수 있게 되는 사람이 된다는 것이다.

사업을 시작하려는 많은 사람이 내게 자주 물어보는 것이 있다. "고학력자나 좋은 스펙을 가진 사람들이 사업을 더 잘하나요?" 내 대답은 "절대 아닙니다"이다. "최신 트렌드를 잘 받아들이고 모든 게 빠른 젊은 사람들이 더 사업을 잘할 수 있나요?"라고 묻는다면 그것도 당연히 아니다. 나를 포함한 내 주변에 소위 말하는 '성공한 사람들'의 공통점은 고학력자 혹은 좋은 스펙도 아닌 '부자가 되고 싶다'라는 큰 목표를 가지고 끊임없이 노력하는 것 그리고 꾸준한 그들만의 사업 루틴에 있었다.

나는 정말 평범한 인생을 살고 있던 사람이었다. 누구나

다 부러워한다는 대기업을 박차고 나와 이커머스 사업을 시작했을 때 내 주변 사람들은 나에게 "위험한 일탈을 한다"라고 말했고, 걱정을 위장해 폄하하며 새롭게 시작하는 나를 작아지게 만들었다. 처음 시작하는 나에게 제3자들이 던지는 말 한 마디 한 마디가 날아와 자존심이 상하기도 하고, 또 다른 한편으로는 더욱더 부를 갈망하게 될 수 있었던 계기가 되었다. 그런 말들에 쉽게 내 꿈과 욕망이 흔들리지 않으려 항상 노력했고 묵묵히 내 길만 걸어왔다. 물론 그들이 내게 충고했던 힘든 상황과 시련이 분명 수차례 있었다. 하지만 지금 내 모습은 어떤가? 20대에 직장을 박차고 나와 회사 앞에서 꿈꾸었던 내 미래의 모습보다 더 큰 사업가가 되었다. 게다가 이제는 내 모습을 보며 같은 꿈을 꾸는 사람들에게 격려와 도움을 줄 수 있는 사람이 되었다. 지금의 나는 당장 1~2년이 아닌 10~20년의 내 모습을 기대하며 더 큰 꿈을 희망하는 사람이 되어 있다.

처음은 누구나 똑같다. 그게 인생이든 학업이든 사업이든 말이다. 누구나 절박하며 힘들고 아무것도 없이 시작한다. 그렇게 간절했던 마음과 다잡았던 정신도 성공에 다다르는 시간이 길어질수록 인내하지 못하고 쉽게 포기하게 된다. 하지만 그 기간을 인내하며 고민한 사람들은 포기한 그들과 확실히 다른 결과를 맞는다. 그 결과가 꿈꾸었던 '부'이든 생각한 것보다 잘되지 않아 겪은 배움이든 포기한 사람들보다는 남는 것이 분명 있다.

내가 본 이커머스 사업의 출발선은 모두가 같다. 한 가지 장담하는 건, 이 사업으로 얻을 수 있는 돈과 성장을 꿈꾸는 생각의 시간이 길어지면 돈을 버는 속도가 점차 빨라진다는 것이다. 더 이상 당신의 출발선에 대해 걱정과 염려를 하지 말자. 나 또한 해냈고 당신도 할 수 있다.

당신이
지금 당장
시작해야 하는 이유

대부분의 사람은 세상에 태어나 눈을 감을 때까지 본인 스스로가 만든 기준보다는 제3자들이 세워놓은 기준에 맞춰 살아가려 애쓴다. 여기에 익숙해지다 보니 사업가가 된 후에도 자신만의 기준을 만들어 성공에 대한 목표를 세우는 것이 아닌, 다른 사람들에게 보여주기 위한 기준에 맞춰 목표와 기준을 세운다. 당연하지만 아무런 실행 없이 무작정 부자가 되어야겠다는 꿈과 목표만 있다면 달라지는 것은 없다. 거창하고 행복한 상상 속에 갇혀 있는 헛된 망상으로 끝나고 말 것이다. 꿈만 꾸는 것은 누구나 할 수 있다. 당장 내 삶과 가족을 위해 꿈을 꾼다면 헛된 망상은 멈춰야 한다. 당신은 정말 부자가 되고 싶은가? 그렇다면 상상 속에서만 갇혀 있지 말고 어떠한 것이라도 지금 바로 시작하라.

사람들은 부자가 되기 위해 첫 번째로 일상에 변화를 주려고 한다. 그게 마음가짐이나 환경이 될 수도 있고 관련 공부를 시작하는 것이 될 수도 있다. 물론 나도 그랬고 당신도 그럴 것이다. 이해하기 쉽게 내가 하고 있는 이커머스 사업을 예로 들어보자. 대부분 큰 꿈을 가지고 이커머스 사업을 시작하기 위해 사업자등록과 통신판매업 신고를 한다. 본인의 사비로 강의료를 내고 관련 공부를 시작하지만, 본격적인 사업을 시작하기도 전에 이론에서 그만두는 사람들이 생각보다 많다. 그러기엔 사업에 흥미를 잃은 것도, 그렇다고 실패를 한 것도 아니다. 중간에 그만둔 사람들은 이론 공부를 끝으로 이도 저도 아니게 된 상황이 되어버려서 사실상 아무것도 하지 않은, 시작도 하지 않았던 상태로 더 이상 찾아오지 않는다.

우리는 학위를 따려고 공부를 하는 것이 아니다. 특히 사업이 부를 이루는 주가 된다면 말이다. 우선 이론적인 방법을 터득했다면 그다음은 실무적인 부분을 익혀 실제로 돈을 버는 스킬을 터득해야만 한다. 이론은 말 그대로 이론일 뿐 더 이상

얻어지는 것은 아무것도 없다. 수많은 강사와 수천 권의 책들에서 알려주는 내용은 아주 기본적인 프로세스와 그들의 수년 차 내공을 통한 사업비법을 전해주는 것이지 그것들이 당신의 사업 이야기가 될 수는 없다. 어느 정도 공부를 했다고 생각이 들어 자신감이 생겼다면 반드시 실행하자.

돈을 벌 수 있는 방법은 수천, 수만 가지가 널려 있다. 예전에는 무조건 회사에 취업해야만 혹은 공무원이 되어야만 편안하게 돈을 벌 수 있다고 생각했다. 하지만 요즘은 1인 사업가들이나 부업을 하는 프리랜서들도 많아졌다. 어제와 오늘이 다르듯 내일도 오늘과는 다를 것이다. 이런 빠른 시대에 당신은 이론만 시도하고 끝낼 것인가? 마냥 하는 잔소리가 아니다. 적어도 내가 16년간 해온 이 시장에서는 실무적인 부분이 아주 중요하기 때문이다. 그렇다면 지금 당장 실행할 수 있는 것들은 무엇일까?

나는 28살 때 잘 다니던 직장을 그만두고 이커머스 사업을 시작했다. 이유는 단순했다. 내가 투자하는 시간에 비례해 큰돈을 만지고 싶었기 때문이다. 당시 나는 지금 당장 내 미래를 위해 그만두지 않으면 평생 한 직장에서 여유 없는 삶을 살다 죽을 것만 같았다.

학교를 졸업한 후 첫 회사에 입사하고 신입 동기들과 연

수원에 2~3주간 머물며 교육을 받은 적이 있다. 그 당시 나는 200명의 신입 사원 중, 1등이 되어야겠다는 욕심이 생겨 진행하는 프로그램마다 잘하지 못하는 것도 반드시 해야 한다는 생각으로 참가를 했다. 결과는 예상한 대로 상위권 점수를 받았는데, 그 상위권 성적이 내 회사 생활의 첫 꼬임이 될 줄 누가 알았겠는가. 애석하게도 내가 욕심냈던 그 성적으로 바라던 영업 관리팀이 아닌, 경영 지원팀으로 차출이 된 것이다. 나는 경영 기획이 맞지 않는 사람이라고 생각했다. 자리에 가만히 앉아 어떠한 가치를 만드는 성향보다 그 가치를 만드는 사람들을 보조하는 것이 나의 성향과 적성에 더 적합하다고 생각했다. 자료를 만들고 분석하며 예상을 하는 것이 내 꿈이었건만, 예상외로 다른 길로 들어서니 어떠한 일을 해도 더 이상의 욕심도, 흥도 나지 않았다. 그 순간이 내가 잡고 있던 욕심의 끈을 놓아버리고 나만의 길을 만들어야겠다는 내 사업 시작의 순간이다. 물질적, 시간적 여유는 차치하고라도 당장 내가 할 수 있는 첫걸음은 생각보다 쉽게 찾을 수 있다. '상황이 되면 시작할 거야, 지금 당장은 준비가 덜 되었으니 나중에 공부해서 할 거야' 이런 생각만 한다면 기회와 타이밍은 또다시 스쳐 지나갈 것이다.

항상 인생에서 기회와 타이밍은 생각지도 못한 상황에서

갑자기 들이닥친다. 내가 항상 모자랄 때 갑작스럽게 찾아오는 게 기회이다. 타이밍을 놓칠 것인가? 언제까지 멀어지는 기회와 스쳐 지나가는 타이밍을 바라만 보고 있을 것인가? 내가 무엇인가 모자랄 때 타이밍을 잡았다면 부족한 것은 차츰 시간을 두고 채울 수 있으니 당장 시작해야 한다.

돌이켜보면 나도 놓친 타이밍과 기회들이 많았다. 그때의 나 또한 시작하는 지금 사람들과 마찬가지로 가진 것이 없었고, 배운 것은 시중에 알려진 이론뿐이었다. 하지만 그 기회를 잡음으로써 지금의 내가 있게 되었다. 무심코 지나갈 법한 기회들을 붙잡고 또 다른 시작을 할 수 있는 발판으로 만들 수 있었다. 당신도 할 수 있다. 남의 이야기로만 흘려듣지 말고 지금 당장 내가 할 수 있는 것부터 시작해 보는 것은 어떤가? 이것 또한 당신이 부에 다가가는 데 좋은 타이밍과 기회가 되는 순간일 수 있다는 것을 기억하자.

당신 인생의
목표를 세워라

우리는 엄청난 확률과 희박한 가능성 속에서 그리고 수많은 태양계와 별들 중 하나의 행성인 지구에 태어난 기적 같은 사람들이다. 또한 수많은 국가와 인종 중 치안이 가장 좋다는 대한민국이라는 나라의 한 사람으로 살고 있기도 하다. 이 엄청난 확률과 가능성을 뚫고 나온 우리인데, 한 번뿐인 인생을 허투루 살 수는 없다. 과연 당신은 인생의 목표를 확실하게 두고 살고 있는가? 나는 삶이 기적이라고 생각한다. 꿈을 만들고 목표를 세우는 일 자체가 기적이다. 이 기적 같은 삶에서 만약 나 자신을 위한 작은 목표가 하나라도 없다면 얼마나 허무한 인생이란 말인가?

사실 나 또한 인생의 명확한 목표를 아직 잡아 두지 않았다. 하지만 개인적으로 이루고 싶은 목표와 내 삶을 어떻게 꾸려 나갈 것인지에 대한 목표는 항상 만들어 놓으며 하루하루를 지낸다. 작은 목표라도 하나씩 이루며 새로운 것들을 만들어 가고 나 자신을 성장하게 하는 데 기쁨과 행복을 느낀다.

삶에서 다른 것보다 자신의 삶을 가치 있게 만들 수 있는 방법을 우선적으로 고민해봤으면 좋겠다. 인생의 목표라는 것은 저마다의 가치관이 다르기 때문에 기준을 세워서 정할 수 없는 부분이다. 그래서 자신이 어떤 일을 했을 때 가장 즐겁고, 어떻게 일을 했을 때 가장 행복한지를 적어보는 걸 추천한다. 그다음으로 그런 것들이 모였을 때 무엇을 만들 수 있는지 생각해보는 것이다. 이것을 계속해서 반복한다면 나만의 인생 목표를 정하는 것이 보다 쉬워지며 익숙해질 수 있을 거라고 생각한다.

우리는 사람이기 이전에 소중한 존재라는 점을 잊지 말자. 작게 본다면 아웅다웅하고 고군분투하며 사는 모습일지 몰라도, 크게 보면 인생을 사랑하며 열심히 사는 것이다. 이제부터는 인생을 긴 여행으로 바라보자. 누구나 인생의 끝에 죽음이

기다리고 있다는 것을 안다. 그것을 알고 있음에도 당신과 나는 누구보다 열심히 살고 있다. 우리는 살아가는 무의식중에 가치 있는 삶을 살아야 한다는 점을 본인 스스로 알고 있는 것이다.

멋진 삶을 사는 것은 어렵지 않다. 좋은 집, 좋은 차, 명예, 금전적인 여유… 이러한 것들도 멋진 삶을 사는 요소에 큰 부분을 차지할 수 있지만, 그렇다고 이것이 전부는 아니다. 우선 자기 자신을 사랑하고, 나이와 상관없이 다양한 방향으로 성장하며 하루를 보내는 것에도 존재한다. 매일 하루를 감사하며 살도록 하자. 만일 감사한 일이 없다면 만들자. 행복은 결국 내가 만들어 가는 것이라는 걸 잊지 말자.

'인생은 한 방'이라는 말은 터무니없다. 의외로 많은 사람이 인생은 한 방이라는 말을 인생의 모토로 삼는다. 나 또한 분위기에 휩쓸려 이 말을 한 적이 더러 있다. 성공의 한 방을 위해 눈에 불을 켜고 성공할 수 있는 방법들을 찾아보자는 의미로 말이다. 인생은 예측할 수 없다. 늘 변화무쌍한 환경 속에서 살아가고 있는 우리이기에 엄청난 노력과 땀을 통해서 시험과 도전을 게을리하지 말아야 한다. 도약할 기회를 단 한 번이라도 얻기 위해 성공한 사업가들은 수많은 준비과정을 거치며 본인과의 싸움을 했고 지금도 여전히 진행 중일 것이다. 그렇다면 그들의 성공은 단순한 한 방이 아닌 끊임없는 노력의 결과라고 볼 수 있다.

'지금의 나는 내가 살아오면서 선택한 모든 것들의 합이다'라는 말이 있다. 나는 이 말에 큰 공감을 하는 편이다. 결국 지금의 내 모습은 그동안 해온 수많은 선택과 시험을 통해 만들어졌다. 단순한 우연이 아닌 필연적인 사건과 사고를 겪고 지금의 내가 만들어진 것이다. 물론 시기와 타이밍이 잘 맞아 빠르게 성공의 루트에 올라탄 사람들도 있을 것이다. 하지만 사업과 성공 그리고 사랑까지 결국 나 스스로가 선택해서 얻은 결과이다. 과거의 습관 하나부터 지금의 습관 하나까지 모든 것들이 모여 지금의 위치까지 올 수 있게 되었다는 것을 잊지 말도록 하자. 인생은 점이 아닌 선이다. 결국 모든 것들이 다 이어진다. 국적과 나이, 성별을 불문하고 충분히 당신도 인생의 한 방과 같은 큰 성공을 이룰 수 있다는 것을 기억하자.

게으른 자신을
흔들어 깨워라

이 책을 읽는 독자의 대부분은 나의 사업 성공 비법에 관한 이야기가 궁금할 수도 있겠지만, 또 다른 독자는 부자가 되기 위한 방법을 알고 싶어서 이 책을 선택했을 수도 있을 것이다. 또 대부분은 직장인이거나 조그맣게 자영업을 하는 사업자 혹은 새로운 일을 시작해 보고 싶은 초보 사업가일 것이다. 그렇다면 이제 무언가를 시작해 보려는 당신에게 내가 줄 수 있는 비법은 무엇일까?

나는 처음 사업을 시작하는 사람들에게 '부자를 꿈꾼다면 성공한 사람들의 결과만 보지 말고, 성공할 수 있었던 그 과정을 우선적으로 알아야 한다'라고 조언한다. 성공해본 사람들의 과정을 알게 되면 습관을 알 수 있게 되는데, 어떠한 사업적인 스킬보다 그 습관이 당신의 성공에 포인트가 될 수 있는 중요한 키가 될 것이다. 준비가 되지 않은 채 성공한 사람들의 습관을 똑같이 따라 하려고만 하면 생각보다 일이 잘 풀리지 않을 것이다. 그들을 따라 하되, 나에게 맞는 루틴과 마음가짐을 세워 실천하는 것이 더 오래 지속할 수 있는 힘을 준다.

부자의 습관들이 보편적으로 굉장히 까다로울 거라고 생각하는데, 나를 포함해 내 주변에 소위 성공한 사람들을 보면 딱히 그렇지도 않다. 사람들은 성공한 사업가라면 특히 수면 시간을 최소한으로 정할 거라고 생각하지만, 나는 하루에 최소 7시간 혹은 그 이상을 자는 편이다. 내 경험상 2~3시간 덜 잔다고 해서 삶에 드라마틱한 변화는 없었다. 하루에 4시간 자는 사람이 특별하게 안 벌리던 돈이 더 벌린다든가, 보이지 않던 인사이트들이 보이는 특별한 매직은 일어나지 않았다. 그래서 나는 12시간 이상을 열심히 일한 내 몸과 마음을 시간만 된다면 최대한 쉬게 놔두려고 한다. 상쾌한 기분과 컨디션으로 일을 시작하는 것이 일하는 시간을 늘리는 것보다 훨씬 사업을 영위하는 데 도움이 될 것이다.

대부분의 사람은 수동적인 삶을 살아왔을 것이다. 정해진 시간에, 한정된 장소에서 항상 해왔던 일을 하고 짜인 틀에서 정해진 예산으로 매달, 매년을 보낼 것이다. 진정 성공한 사람으로 거듭나고 싶다면 반복해왔던 이 모든 것들을 바꾸어야 한다. 정해진 그 틀 안에서 반복하는 것이 아닌 나 스스로 그 틀을 부수고 넓혀 가야만 한다. 그렇다고 해서 정해진 틀에서만 있는 사람들을 게으르거나 나쁘게 보는 것은 절대 아니다. 그들이 추구하는 것과 내가 추구하는 것들이 당연히 다를 수밖에 없음을 인정한다. 하지만 지금 내 글을 읽고 있는 당신은 더 커다란 결과를 얻고 싶어 하기에 틀을 반드시 넓혀야 한다는 말을 해주고 싶은 것이다.

나태한 자신을 바꾸고 싶은가? 그렇다면 정말로 무엇을 원하는지 심각하게 고민해 보았으면 좋겠다. 지금 자신의 상황에서 변화를 꿈꾼다면 변화하고자 하는 이유를 반드시 찾도록 하자. '좋은 집과 좋은 차, 좋은 배우자를 얻고 싶다. 경제적인 자유를 누리고 싶다' 등 스스로 동기부여가 된다면 무엇이든 좋다. 변화하고자 하는 이유와 원인은 매일같이 늘어날 것이기 때문이다.

큰 충격으로 다가올 만큼의 동기부여가 필요하다. 그 강력한 동기부여를 받았다면 그 순간부터 나태한 자신을 버려야만 한다. 우선 최소한의 기간을 정해두고 시작해 보자. 예를 들어, 100일의 시간을 정해두고 결과가 어떻게 되든지 나태한 나에게서 벗어나는 시도를 해보는 것이다. 어떤 것부터 시작해야 할지 모르겠다면, 꾸준히 할 수 있는 무언가를 찾아보는 걸 추천한다. 독서나 운동이라든지 스스로 당장 지킬 수 있는 것부터 시도해 보는 것이다. 그리고 메모하는 습관을 길러라. 좋은 강의나 나에게 도움이 될 만한 것들을 모두 손으로 적어보는 습관을 들인다면 훨씬 습관이 빨리 내 몸에 밸 것이다. 이런 식으로 꾸준히 100일 정도만 실천해 본다면 게으르거나 나태했던 모습에서 조금씩 진취적이고 활동적으로 변화하는 자신을 느낄 수 있다.

우리가 철인 3종 경기에 나간다고 생각해 보자. 처음 경기에 출전하다고 했을 때 마음만 먹어서는 절대 참가할 수가 없다. 꾸준한 연습을 통해 일정 수준 이상의 기록을 만들 수 있는 체력을 먼저 길러야 한다. 비록 사업가 이전의 내 모습이 직장인이나 전업주부일지라도 말이다. 마인드나 습관도 마찬가지다. 내가 원하는 목표를 이루는 동기부여가 생기려면 일단 자신의 몸과 마음이 변해야 한다. 절대 급하게 생각하지 말자. 천천히 변화한다는 마음으로 꾸준히 해보는 것을 추천한다.

성공한
자신의 모습을
상상하라

　　매년 11월 말, 공기가 차가워져 겨울이 가까워지는 시기가 되면 내가 처음 사업을 시작했던 시절이 가끔 떠오른다. 나를 어느 정도 안다는 사람들은 모두가 알고 있듯이, 나는 경제학과를 졸업하고 남들이 꿈꾸는 대기업에 입사해 남들이 선망하는 부서에서 일을 했다. 그리고 퇴사한 후 전자상거래 쇼핑몰을 차렸는데, 그 당시 내 목적은 돈과 성공이었다. 모든 1인 사업가들의 첫 스타트처럼 사업자등록증을 발급한 나는 사무실이 없는 채로 집에서 나 홀로 사업을 시작했다. 부모님과 함께 지냈던 우리 집, 내 방 책상 위에 놓인 컴퓨터로 마켓에 입점을 하고 상품을 업로드했었는데, 가끔 내 방이 답답하다고 느껴질 때면 PC방 가는 돈까지 절약하고자 집 안 거실과 방을 번갈아가며 나름 기분전환을 한답시고 이리저리 옮겨 다녔다. 당시 부모님은 내가 직장에 다니며 부업으로 이커머스 사업을 병행하는 줄 알고 계시던 상황이라 부모님이 출근하시는 새벽에 같이 출근을 한 뒤 다시 집으로 들어와서 작업을 하고 퇴근하시는 시간이 다가오면 다시 집 밖으로 나가는 수고스러움을 견뎌내야 했다. 지금 생각해 보면 나름대로의 치밀함이 있었던 것 같다. 이제는 웃으면서 말할 수 있는 하나의 에피소드가 되었지만, 그 당시의 내가 있었기에 지금의 내가 될 수 있었던 큰 계기가 된 듯하다.

부모님께서는 항상 근검절약을 생활화하시는 분들이라 한겨울이 아닌 이상 보일러를 틀지 않으셨는데 사업 초기까지만 해도 한겨울이어서 집에서 일하는 나로서는 꽤 고생이었다. 손끝이 아린 것을 넘어서 컴퓨터 키보드를 누를 때마다 아무런 감각이 없었다. 그래도 나는 이 시간이 정말 행복한 기억으로 마음에 남아있다.

직장 생활이 지겨웠던 나는 매일 아침 8시부터 새벽 3시까지 내 사업을 한다는 것만으로 큰 즐거움을 느꼈다. 새벽 3시

이후 잠자리에 누워 성공한 내 미래를 그리는 것이 하나의 낙이었는데, 그때부터 나는 '지금은 혼자서 사업을 하고 있지만 미래에는 내 이름으로 된 회사 사무실에서 직원들을 모아 성공이라는 하나의 목표를 가지고 내 사업을 키워 나간다'라는 마인드 세팅과 자기 암시를 하루도 빠짐없이 했다. 나는 오로지 그 목표뿐이었다. 내 방에서 시작해 나만의 이름을 건 회사를 설립하는 것, 그래서 더 나은 사람이 되는 것을 목표로 16년간 쉴 틈 없이 달려왔다.

하지만 남들이 말하는 성공 궤도에 어느 정도 진입했을 때, 주변에서 무슨 일을 하냐고 질문을 받으면 "쇼핑몰을 운영한다"는 대답을 선뜻 하기가 어려웠다. 그 당시 쇼핑몰을 운영한다고 하면 창업이 아닌 장사를 한다고 생각하는 사람들이 많았다. 뭔가 남들이 생각했을 때 그럴듯한 비즈니스를 하고 싶었던 나는 쉽게 대답할 수가 없었다. 그래서 종종 쇼핑몰 운영이 아닌 무역을 한다고 대답했다. 분명 당시 일이 잘되어서 돈을 많이 벌었음에도 불구하고 남들이 생각하는 기준에 비해 내 기준이 더 앞서 있었던 것이다. '남들이 나를 어떻게 생각할까?'라는 걱정과 부담감이 더 컸다. 지금 생각해 보면 그 당시 나는 성공과 돈이 내 주된 목표가 아니었던 것 같다. 다른 사람의 기준에서 벗어나고부터는 나만의 기준으로 떳떳하게 사람들 앞에서 내 직업을 소개하며 여기가 어떤 시장인지 소개까지 하는 여유로움을 가질 수 있게 되었다. 다른 사람의 기준에서 벗어날 수 있었던 계기는 내가 정한 목표와 꿈 그리고 미래를 계속해서 상상하면서였다.

생각보다 자신의 미래 모습을 상상하는 것은 정말 중요하다. 그렇게 함으로써 마음가짐이 크게 달라지기 때문이다. 지금 당장의 내 모습은 최종으로 꿈꾸는 모습에 비해 초라할지라도 성공한 모습을 계속해서 떠올리며 성실히 그 꿈을 위해 사업을 진행한다면 예상했던 것보다 더 빠르게 그 모습에 도달할 수 있다. 나는 10여 년 전 꿈꾸었던 내 모습과 현재의 내 모습이 많이 닮아있다고 생각한다. 물론 더 이뤄야 할 부분들도 있다. 하지만 이만큼이나 이루었기 때문에 성공의 모습에 더 가까워질 수 있을 것이다. 자기 암시와 더불어 꿈을 꾸고 실천하는 것이 가장 중요하다. '지금의 나'에서 탈피해 내가 꿈꾸는 사업가 혹은 성공한 사람이 되기 위해 노력해야 한다.

이 글을 읽고 있는 당신도 본인이 상상하며 꿈꾸는 미래의 모습이 있을 것이다. 사람은 발전이 보여야 동기가 생기고 자신감이 생긴다. 그렇게 된다면 무엇이든 더 오래할 수 있고 재미가 붙는다. 발전이 없다면 매너리즘에 빠져 아무런 진전도

없이 허우적거리기만 할 것이다. 늘 발전하는 자세와 마음가짐
을 가지길 바란다.

성공한 사람들에겐
루틴이 있다

성공한 사람들은 그들이 정한 루틴이 있다고 한다. 루틴이란, 내 일상 속 혹은 일정 기간 동안 스스로가 정한 특정 행동이나 반복적으로 매일 정해진 시간에 행동하는 것들이다. 이것은 정해진 일정에서만 적용이 가능해 때론 반복되는 일과 중에 변수가 생길 경우 정해진 루틴을 실행하지 못하는 날도 더러 있을 수 있는 단점이 있다. 사업가는 여러 일을 진행하다 보면 직장 생활을 하는 사람들보다는 예상하지 못한 변수들이 많이 발생한다. 특히 일정 변동이나 해외를 중점으로 사업을 하는 큰 사업가라면 더욱 정해진 루틴을 지키기 어려울 것이다.

사실 반드시 지켜야 할 루틴을 만드는 것보다는 스스로 책임감을 우선시하는 마음가짐이 더 중요하다고 생각한다. 사업가라면 내가 진행하는 일에 루틴을 만들어 적용하는 것도 좋다고 생각하지만, 성공의 끝을 맛보고 싶다면 책임감을 가지고 반드시 일을 마무리 지어야 한다는 생각으로 꾸준히 실행해야만 결과가 있을 것이다.

하지만 정말로 루틴이 필요한 사람도 더러 있다. 그럴 때 나는 독서와 운동을 꾸준히 추천하고 있다. 나는 책의 종류를 가리지 않고 다독하는 편이다. 바쁜 스케줄 와중에도 반드시 하루에 짧으면 5~10분이라도 독서를 하려고 한다. 우선 현재 나 자신에게 부족하다고 여겨지는 부분들에 대한 조언을 구할 수 있는 책 위주로 골라 읽기 시작하고 그것이 해결되면 다방면으로 읽는다. 가장 중요한 것은 책을 읽고 덮어버리는 것이 아닌, 그 장르가 소설이든 잡지든 배운 것들을 꼭 생활에 적용시켜 활용하는 습관을 들인다.

독서 다음으로는 운동을 추천해주고 싶다. 사람의 감정과 몸 상태는 체력에 따라 달라진다. 운동 부족으로 체력이 부족해지면 결국 인내심도 쉽게 바닥을 드러낸다. 그러면 분노가

치밀어 오르는 상황이 찾아왔을 때 스스로 컨트롤이 되지 않는 경우가 더러 생긴다. 만일 사업과 관련된 중요한 결정을 해야 한다면 체력이 분명 그 결정에 큰 타격감을 주게 될 것이다. 특히나 평정심을 잃게 되면 결정에 순간적인 영향을 주게 되는데, 그 한순간의 결정이 사업하는 사람들에게는 꽤나 치명적이다. 그래서 가벼운 운동이라 할지라도 꾸준함이 필요하다고 생각한다. 그 운동을 통해 내면적으로 분명히 자제력과 인내심이 길러지게 될 것이다. 운동은 일단 시작하기만 하면 어떠한 결과로든 반드시 남게 된다. 귀찮고 하기 싫다고만 생각해 아무것도 하지 않는다면 당연하게 그 결과는 아무것도 남지 않는다.

1년 차 사업가인 나의 사업 루틴을 공개하자면, 우선 나는 일을 할 때 중요한 일부터 시작하지 않는다. 많은 사람이 어려운 일부터 끝낸 다음 쉬운 일을 한다고 하는데 나는 반대로 일을 처리한다. 진행 과정 중에 가장 쉬워 보이는 일부터 하고, 마지막에 중요한 일을 몰아서 해내는 편이다. 이유는 간단하다. 중요한 일에만 몰두하게 된다면 정작 쉬운 일을 놓치게 되고, 내가 생각했을 때 쉽다고 생각한 일들이 막상 진행해 보면 쉽지 않았던 적이 많았기 때문이다.

나는 해외 송금을 가급적 빨리 처리하는데, 해외 송금을 빨리 하게 되면 그다음 절차로 무언가를 매입할 수도 있고, 거래처에 돈을 줄 수 있어서 회사가 원활하게 움직여지기 때문이다. 내 선에서 가장 쉬운 송금만 먼저 하더라도 회사가 원활하게 움직인다. 쉽게 할 수 있는 것이라고 안일하게 생각해 중요한 일부터 시작하면, 쉽게만 생각했던 일들이 점점 밀려나게 되고 회사의 인력을 낭비하는 최악의 상황을 맞이할 수도 있다. 또 동업 회사나 거래처와의 신뢰도도 깎일 수 있다. 그래서 나는 내가 할 수 있는 최대한 쉬운 일부터 차근차근 진행한 다음 어려운 일들을 진행하는 편이다.

사업가라면 운영하는 회사의 실무를 모두 알아야 한다. 최소 3년 정도는 필드에서 대표도 직원들과 일을 하며 관리를 하고 운영을 해야 한다. 그 후 중요한 건들은 차츰 직원들에게 넘기고 대표는 미래의 회사 방향성을 찾는 것이다. 내 자리에서 마냥 안주하는 것은 절대 추천하지 않으며 그렇게 해서도 안 된다. 늘 새로운 일로 파이프라인을 확장하고 재정적으로 안정적일 수 있게 발로 뛰어야 한다.

수많은 강의와 컨설팅을 진행하다 보면 수강생들이 내게 공통적으로 가장 많이 하는 질문이 있다. 바로 사업가 투트랙의 일상 루틴이다. 사업적 루틴 말고, 하루를 어떻게 보내는지 궁금해하는 분들이 많다. 어느 정도 연차가 쌓인 사업가이다 보니 나만의 일상 루틴이 아예 없는 것은 아니지만, 그렇다고 해서 대단한 루틴을 가지지도 않았다. 남들처럼 내 위치에서 해야 하는 일들을 처리하고 남는 시간이 생기면 나만의 시간을 즐긴다. 나는 일과 중 수면을 중요하게 생각하는 편이라 최소 7시간 이상은 자야 한다. 충분한 숙면을 취해야 다음 날 일할 수 있는 에너지가 생기기 때문이다.

사업을 하는 사람이라면 체력 관리와 컨디션 관리는 필수다. 간혹 수면 시간을 무조건 줄여서라도 사업과 업무를 연장해야 한다고 이야기하는 사람들이 있는데, 그들의 의견을 무조건 부정하는 것은 아니다. 하지만 내 업무 시간이 숙면의 시간까지 침범해 버린다면 체력적으로나 정신적으로 좋지 않은 결과를 가져올 수 있다는 것을 당부하고 싶다. 만약 내가 잠을 줄인 시간을 업무에 썼다면 절대로 내 사업은 롱런하지 못했을 것이다. 사적인 시간과 공적인 시간을 구분 지어야 내 생활이 피폐해지지 않는다. 진정으로 내 사업의 성공을 바란다면 충분한 숙면과 휴식시간이 반드시 필요하다는 것을 잊지 말자.

나는 일주일에 이틀은 주기적으로 운동을 하고 있다. 자전거를 타며 쌓인 스트레스를 풀거나 집 앞 헬스장을 이용한다. 몸매 관리가 아니라 많은 스케줄을 소화하기 위한 체력 유지 목적이 더 크다. 덕분에 이제는 운동이 매주 고정된 루틴이 돼

버렸다. 하지만 그렇다고 해서 운동에 많은 시간을 투자하진 않고, 단지 내 체력을 보충할 수 있는 정도로만 하고 있다. 그 영향으로 운동을 꽤 오래하니 다이어트를 하게 되었고, 지금은 약 14kg을 감량했다. 그 덕에 건강도 되찾을 수 있게 되어 사실 1타 2피를 얻은 것이다. 체력은 결코 누군가의 도움으로 채워지지 않을뿐더러 대체가 되지 않는다.

나는 7시간 이상의 충분한 숙면을 취한 후 사무실로 출근한다. 집에서 회사까지는 대략 40~50분 정도 소요되는데, 출퇴근 길에서 낭비되는 시간이 아까워서 최대한 붐비는 시간을 피해서 다닌다. 그렇다고 여유를 부리는 성격도 아니다. 나는 보통 일어나자마자 업무를 시작한다. 운전하는 시간 빼고는 회사에 도착하기까지 계속해서 핸드폰으로 업무를 보는 편이다.

우리 회사는 크게 네 파트로 나누어져 있다. 각 팀마다 본부장 혹은 팀장들이 일을 처리하고 있기 때문에 사실상 대표인 나는 결정하는 부분만 처리하거나 금전적인 부분만 관리하고 있다. 그리고 시간이 나는 대로 틈틈이 직원들과 면담하며 회사의 방향성과 비전을 논의하는데, 실무를 맡고 있는 직원들이기에 그들이 어떠한 능력을 올려야 하는지 대표로서 가이드 라인을 잡아준다. 대표라면 직원들과 면담을 가지는 시간은 반드시 필요하다고 본다. 실무를 담당하는 사람들의 의견도 내 사업에 큰 비중을 차지하기 때문이다.

회사 업무 외에 그다음으로 하는 것은 동종 업계 대표님들과 인맥 관계를 형성하는 것이다. 사업은 혼자서 진행할 수 없다. 혼자서만 사업을 운영한다면 한계점을 분명히 만나게 된다. 여러 가지 일을 동시다발적으로 하고 싶다면 동종업계 사람들과 긍정적인 관계 형성이 반드시 필요하다. 특히 사업은 내부적으로 할 수 있는 부분보다 협업으로 진행해야 하는 건들이 더 많다. 점과 점이 모여야지만 선이 될 수 있듯이 사업도 마찬가지다. 내가 모든 것을 다 잘할 수 없기 때문에 또 다른 누군가와 비즈니스를 함께 해야만 한다. 뿐만 아니라 동종업계 혹은 나를 도와줄 수 있는 사람들이 내 주변에 모이게 되면 할 수 있는 것들이 더 많아진다. 내가 수익을 조금 적게 가지게 된다고 하더라도 협업을 통해 얻을 수 있는 것은 무궁무진하다는 것을 알기 때문에 나는 없는 시간을 내서라도 다양한 분야의 대표님들을 만나며 내 사업을 넓히고 사업 기획을 구상한다.

많은 사람이 멈추지 않고 계속해서 일을 하는 이유를 내게 묻곤 한다. 이유는 단순하다. 우리 같은 작은 회사들은 멈춰 있으면 성장할 수 없다. 계속해서 새로운 것을 도입하고 새로운 파이프라인을 확장해야만 노후한 파이프라인이 없어졌을 때 그 위기를 막을 수 있다. 그렇기 때문에 긴장감을 놓을 수 없다. 그리고 나는 가족과 보내는 시간을 내 인생에서 가장 중요하게 생각한다. 내가 돈을 버는 이유는 단 한 가지, 가족을 위해서다. 사업 특성상 가족과 보내는 시간이 적을 수밖에 없어서 주말과 공휴일은 가급적 가족들과 시간을 보낸다. 아직은 늘 부족한 대표이자 늘 부족한 아빠이기에 노력하면서 하루를 좀 더 충실히 보내려고 노력한다.

번외로 초보 사업가들에게 루틴과 관련해 말해주고 싶은 것이 있다. 당신이 초보 사업가라면 그냥 일에 미쳐야 한다. 오늘 내가 말한 것들 중 충분한 수면이 필요하다고 했는데, 이것은 어느 정도 회사가 빌드업이 되었을 때 해당되는 말이다. 만일 초보 사업가라면 초반에는 어느 정도 잠을 줄이는 것도 필요하다. 사업 초반에는 불씨를 반드시 잡아야 한다. 빠르게 움직이며 집중적으로 몰입해야 되고, 굉장히 많은 시간을 사업에 투자해야 한다. 그렇게 해도 불씨가 커질까 말까 하다. 불씨로 먼저 사업에 불을 붙인 후, 나만의 루틴을 잡아나가는 것이다. 성공을 꿈꾼다면 지금은 흔들리지 말고 내 사업을 위해 집중하는 것을 추천한다.

누구나
생각하는 거 말고
당신만의 꿈을 꿔라

처음 사업을 시작할 때 이미 성공한 회사를 벤치마킹해 사업의 뼈대를 만든다. 나 역시도 그랬다. 처음 미국 구매대행으로 이 사업을 시작했을 때 그 당시 이커머스 시장은 지금처럼 규모가 크지 않았다. 그렇지만 이 사업을 진행하는 사람들은 꽤 있던 터라 작은 시장이더라도 탄탄한 셀러들이 많았고 경쟁력 있는 시장이었다. 사람은 많고 지금처럼 정보가 많이 알려지지 않았던 초반에는 '내가 어떻게 하면 이 많은 셀러들 사이에서 1등을 할 수 있을까?'라는 고민을 혼자서 정말 많이 했다. 그렇게 고민하던 와중에 판매율이 좋은 마켓들을 중점으로 벤치마킹해보는 것도 좋은 방법이라는 생각이 문득 들어서 평소 눈에 띄던 마켓들의 장점을 정리한 후 내 마켓에 적용하는 방식으로 전략을 바꾸었다. 그 이후 매출이 눈에 띄게 늘어나는 소득을 얻게 되었다. 온전한 나의 독창적인 아이디어로 사업을 진행하는 것이 가장 베스트지만 어느 정도의 보장된 안전성은 꼭 필요하기 때문이다.

벤치마킹은 새로운 사업을 키울 수 있는 데와 사업 성장에 생각보다 큰 도움이 된다. 하지만 내 경험상 모든 목표와 일에는 반드시 나만의 스텝이 필요하다. 무슨 말이냐 하면, 내가 생각하는 아이디어와 사업 아이템들은 내가 아닌 제3자들도 모두 생각할 수 있다는 것이다. 누군가의 용돈벌이로 시작된 해외 구매대행이 이제는 수많은 사람의 본업이 되고 부업이 되어버린 시대이다. 생각지도 못했던 한 사람의 생각이 큰 돈벌이 수단이 된 것이다. 이렇듯 모두가 생각할 수 있는 꿈도 좋지만, 자신만의 특별한 꿈과 목표를 만드는 과정도 반드시 필요하다.

나는 미국 구매대행으로 시작해 해외에서 국내로 할 수 있는 사업으로만 그치지 않고 이제는 더 큰 꿈을 가지게 되었다. 내년부터는 한국에서 일본, 한국에서 미국 그리고 중국에서 미국 등 수출을 베이스로 하는 사업을 본격적으로 시작할 예정이며 4PL 업체를 시작해 해당 업체가 해외로 나갈 수 있는 기능을 만들 것이다. 분명 3년 전의 나였다면 상상도 하지 못할 목표였을 것이다. 하지만 지금은 내 꿈들이 혹은 상상들이 추후에는 또 다른 누군가의 길을 열어줄 수 있는 작은 발단이 되지 않을까 싶다.

물론 처음부터 나만의 꿈을 만들기란 말처럼 쉽지 않다. 그렇기 때문에 나만의 스텝이 반드시 필요한 것이다. 좋은 것들은 합법적으로 나만의 사업에 적용하고 또 다른 특별한 길을 만들어 가며 꿈을 꿀 수 있어야 한다. 나는 사업을 진행하는 사람들이 갇혀 있지 않고 스스로 다양한 머니 파이프라인을 만들 수 있는 미래를 꿈꾸길 바란다. 당연히 꿈만 꿔서는 절대 안 되고, 실현 가능한 것들을 우선적으로 실행하며 꿈을 꿔야 할 것이다.

명심하자. 당장 지금 내가 누리는 것들도, 내가 입고 마시며 먹는 것들도 모두 한 사람의 꿈과 생각에서 비롯된 것들이다. 성공하고 싶은가? 꿈을 현실로 만들어라. 이것이 내가 사업을 하는 여러분에게 혹은 사업을 시작하려는 분들에게 당부하고 싶은 말이다.

느리더라도
1등이 되는
길을 만들어라

　　'적은 시간 투자로 많은 수익을 낼 수 있는 것이
무엇일까?'

　　대부분의 사람이 처음 사업을 시작할 때 생각하는 것이다.
사실상 초보자들이 적은 시간을 투자해 수익을 많이 낸다는
것은 극히 드문 경우다. 아니, 솔직히 말하면 절대 불가능하다.
물론 통계학적으로 본다면 적은 시간을 투자해 사업이 대박
난 사람들도 전 세계 어딘가에는 분명 있을 것이다. 하지만 그
런 사람 중에는 스스로 혁신적인 아이디어를 만들어 내 성공

한 케이스가 더 많다. 즉, 기존에 있던 사업으로는 초보자들이 빠른 성공을 거두기란 거의 불가능하다.

나는 16년 차 이커머스 사업자로서 다양한 일들을 해왔다. 그만큼 경험도 많고 수십 개의 머니 파이프라인을 파왔다. 내가 기존에 있는 사업을 통해 적은 시간 투자로 대박이 날 수 있는 확률이 적다고 말하는 이유는, 이미 그 시장에서 누군가가 성공해 있을 것이며 진입 장벽이 높기 때문이다. 그 장벽을 뚫고 성공한 사람들을 뛰어넘고 싶다면 그 사람들이 이루어낸 것들보다 훨씬 더 많은 시간과 노력을 투자해야 한다.

진행하려는 사업 시장에 대해 제대로 파악하지 못한 채, 발걸치듯 시작했을 때에는 엄청난 손실이 온다는 것을 분명히 알아야 한다. 하지만 '꼼수로도 성공하는 사람 많던데요? 법의 사각지대만 피하면 대박 성공 사업도 있던데요?' 하며 내 말에 반기를 드는 사람도 있을 것이다. 물론 존중한다. 그들 나름의 노하우가 있을 것이고 목적이 있다는 걸 안다. 그러나 이런 방법은 장기적으로 사업을 이끌어 가지 못한다. 이 방법을 통해 사업 투자금을 마련한다고 해도 남는 건 딱 거기까지일 뿐, 더 이상 나아가지 못한다는 것이다.

한때 굉장히 크게 이슈가 되었던 사건이 있다. 중국 구매 대행 사업자라면 모두가 알고 있는 타오바오에서 가품의 상품을 국내 오픈마켓에 올려 판매한 사건이다. 비슷한 수법으로 돈을 벌었던 사람들이 있었고, 실질적으로 단기간에 많은 이득을 봤지만 후폭풍과 처벌은 고스란히 본인들이 감당해야 할 몫으로 돌아왔다. 그래서 나는 느리더라도 1등으로 가는 길이 중요하다고 생각한다. 기본에 충실해야 정당한 대가가 따라온다는 것을 반드시 알아야 한다. 그리고 이 비즈니스가 어떻게 돈을 벌어다 주는지 명확하게 이해하고 시장에서 쓰이는 용어도 확실하게 알아야 한다.

실력을 쌓는 데 특별한 방법이 있는 것은 아니다. 모든 비즈니스에는 정해진 답이 없다. 다른 일들도 마찬가지로 정해진 답은 없다. 무엇이 옳은지 모르는 상태를 참고 견디며 계속 시도하다 보면 결국에는 1등으로 가는 길이 보일 것이다. 사업을 하는 사람이라면 아무도 모르는 문제에 대해 스스로 가설을 세우고 입증해 내는 용기와 집요함이 반드시 필요하다. 나는 이 방법이 느리더라도 1등으로 가는 길의 열쇠라고 생각한다. 느리더라도 자신을 의심하지 말고 묵묵히 걸어가자. 그러면 반드시 성공할 것이다.

부의 가치가
내 인생에
끼치는 영향력

당신의 인생에서 '부'는 얼마나 큰 영향력을 차지하고 있는가?

이야기를 하기 전 우리는 부의 가치 기준을 정리할 필요가 있다. 분명 '부'에 대해 개인마다 각자의 기준이 다를 것이다. 어떤 사람은 집을 한 채라도 소유하고 있다면 부자라고 생각할 것이고, 또 다른 누군가는 당장 통장에 10억 이상이 찍혀 있어야 부자라고 생각할 것이다. 국어사전에 '부'라고 검색을 해보면 '자동차, 주택, 기타 영구 소비재와 같은 물리적 소유 재산과 예금 등 재정적 자산을 말한다'라고 명시되어 있다. 이렇듯 '부'라는 것은 물리적 소유 재산과 재정적 자산을 말한다. 사업을 하기 전 과거의 나는 가난을 대물림하지 않는 것과 한 번뿐인 인생에서 시간과 상황 부담 없이 자유롭게 무엇이든 선택할 수 있는 것을 '부'라고 단정지었다. 당장 몇 년 전까지만 하더라도 내 기준의 '부'는 통장에 내가 원하는 일정 금액이 있어야 진정한 부자라고 생각했다. 하지만 내가 꿈꾸었던 부를 어느 정도 달성한 후 돌아보니 예상외로 내 인생에서 돈이라는 부분도 중요했지만, 돈으로만 채워지지 않는 공간이 남아있다는 것을 알게 되었다.

나는 오로지 그 '부'를 달성하기 위해 옆도 뒤도 돌아보지 않고 앞만 보며 16년이라는 긴 시간을 걸어왔다. 사실 '부' 외에 흥미도 없었고 그렇다고 별다른 취미나 관심사도 딱히 없었다. 말 그대로 '앞만 보고 벌어야 한다'는 마인드로만 살아왔기 때문이다. 그런 내가 고대하던 그 '부'의 가치를 뛰어넘은 지금, 이제는 내 인생의 가치에 대해 깊게 생각하게 되는 시점이 오기 시작했다. 그렇다면 나에게 '부'라는 것은 과연 어떠한 영향력을 미쳤을까?

우선 소중한 사람들을 지킬 수 있다는 것이 가장 크다. 내 가족과 사랑하는 사람들을 내가 케어할 수 있다는 부분이 가장 컸다. 두 번째는 누구나 꿈꾸는 낭만적인 인생을 산다는 것이다. 앞서 말했듯 나는 취미 생활이나 여가 생활을 즐길 생각을 하지 못했었다. 하지만 내 사업이 커지며 나를 도와줄 사람들이 많아질수록 내 여유 시간이 조금씩 생기고 좋은 기회를 얻어 가족들이나 친한 지인들과 여가 생활을 즐길 수 있게 되었다. 세 번째는 나 스스로 마음의 큰 여유가 생겼다는 것이다. 인간은 늘 자신을 남들과 비교하며 시기 질투를 하고 살아간다. 이 부분이 사실 나는 가장 괴로웠다. 학창 시절 경쟁심이 강했던 나는 누구에게나 지기 싫어했고, 남에게 피해를 주는 것도 극도로 싫어하는 성향을 가진 사람이었다.

이러한 예민함과 경쟁심으로 마음을 닫고 살다 보니 사업을 하기 전 과거에는 소위 말해 나보다 성공했다는 사람들을 만나기가 불편했던 것도 사실이다. 하지만 내가 생각했던 부와 여유로움을 찾은 순간부터는 비교하는 것과 불편했던 질투가 사라지고 상대방의 행복과 축하를 진심으로 바랄 수 있는 마음의 진심이 생겼다.

그다음은 부모님에게 효도를 할 수 있다는 것이다. 나는 평생을 자식 뒷바라지하며 살아온 부모님에게 더 이상 걱정을 끼쳐드리지 않고 오히려 자랑스러운 아들이 된 것에 큰 기쁨을 느낀다. 물론 부모님은 평생 자식 걱정을 하며 사실 것이다.

하지만 자식이 풍족하게 살아가는 모습을 증명할 수 있다는 것에 큰 감사함을 느끼고, 나 자신에게도 큰 뿌듯함과 감동을 느낀다. 내가 이 책을 쓰는 이유도 이러한 '부'의 가치를 많은 사람에게 알려주고 싶은 마음이 가장 크기 때문이다.

물론 돈의 영향력과 소중함은 모두가 다 안다. 하지만 내가 부를 꿈꾸며 시작했던 이커머스 사업을 통해 느꼈던 부의 가치를 여러분에게 공유하고 싶다. 그것이 내 사업적인 지식이 될 수도 있고 사업을 바라보는 시선이 될 수도 있을 것이다. 사업을 시작하는 당신에게, 지금 당장은 모르지만 나중에 후회하지 않을 이야기들을 말이다.

예전에 나는 늘 부자를 동경하고 그들을 높게 올려다봤다. 나와 부자들의 삶은 다를 거라고 생각했는데 현재 그들이 누리는 것들을 보니 그들도 나와 별반 다를 바 없는 평범한 사람들이었다. 그저 부러움에 동경만 하며 좋은 프레임만 씌웠던 내 생각을 바꾸게 되는 큰 계기가 되었고, 이제는 돈이 아닌 다른 것을 쫓을 수 있다는 좋은 방향성을 깨달을 수 있었다. 분명 예전의 나였으면 마냥 돈만 생각했을 것이다. 한 가지만 보고 달려왔던 이전의 내 모습과는 달리 분명한 것은 이제 인생을 조금 더 여유롭게 볼 수 있다는 점이다. 예를 들어, 가끔 창밖을 바라보며 계절이 변하는 것을 볼 수 있는 정신적 여유와 부모님과 시간을 보낼 수 있는 마음적 여유가 생겼고, 아이들이 크는 것들을 볼 수 있는 시간적 여유까지 생겼다. 또 한편으로는 내 교육을 듣는 사람들의 마음까지 이해하는 포용력까지 생겼다. 불과 얼마 전까지만 해도 그들의 모습이 내 모습이었기 때문이다.

마지막으로 나에게 '부'란 '제대로 살아야 한다'는 정신력을 일깨워준다. 내가 아끼며 사랑하는 사람과 꿈을 꾸는 것들을 지키고 이루기 위해 현실에 만족하지 않고 뒤처지지 않으며 더욱 바쁘게 살아야 한다는 정신력을 일깨워 준 것이 바로 '부'이다. 나는 나와 같은 길을 걸으려는 사람들에게 좋은 영향력을 주는 롤모델이 되고 싶다. 분명 그들 중 나와 같은 사람이 있을 것을 알기에 앞으로도 나는 더욱 바쁘게 살아갈 것이다.

투트랙이 생각하는
진짜 부자의 의미

    사실 내가 '모두가 생각하는 부자의 축에 속하는 사람인지' 아직 잘 모르겠다. 하지만 나는 진짜 부자와 가짜 부자는 분명 나눠진다고 생각한다. 실제로는 부자가 아닌데도 부자 행세를 하는 사람을 보면서 진짜 부자라고 생각할 수도 있다. 하지만 나는 남들이 부러워할 만한 환경과 여유를 가지고 있더라도 아직 이루어야 할 게 많다면 진짜 부자가 되기 전 가짜 부자라고 생각한다. 후배 양성과 이커머스 시장 확장을 바라는 나 역시도 아직은 가짜 부자이다.

소위 말하는 진짜 부자들은 일반인들이 생각했을 때 물질적으로 여유로운 부분들이 많지만 사실 이것도 내 기준이다. 이 글을 읽고 있는 당신은 그렇게 생각하지 않을 수 있다. 부자의 기준은 개인마다 다르기 때문에 모두에게 인정받는 '부자'가 되려면 가진 것만큼 마음속에도 많은 것들을 가지고 있어야 한다. 거기에 사람을 대하는 자세 혹은 세상을 바라보는 관점 등 배울 점 또한 많아야 한다고 생각한다.

나는 현재 내가 살면서 누리고 있는 것들이 당연히 주어진 것이라고 생각하지 않는다. 여담으로, 내 인생의 마지막 목표는 '내가 누리고 있는 이 좋은 세상은 온전히 내 것이 아닌 단지 빌려 살고 있는 것이므로 다음 세대에도 이 좋은 세상을 반드시 물려주자'이다. 내 다음 세대를 위해 이보다 더 나은 세상을 물려줘야 한다는 생각이 진짜 부자들이 가져야 하는 마음가짐이다.

불과 몇 년 전까지만 하더라도 자본금이 넉넉하지 않았던 나는 종종 쫓기는 삶을 보냈다. 물질적으로나 시간적으로 항상 여유롭다고 생각하지 못했던 것 같다. 돈을 버는 것에만 급급한 채로 지내다 차츰 사업이 커져 처음 목표했던 매출의 금액을 달성한 후 더 큰 금액의 매출을 꿈꾸게 되었을 때, 순간 '돈이라는 건 한번 욕심을 부리고 만족하지 못하면 거기에 매몰되어 오히려 정작 소중한 것은 보지 못할 수 있겠구나'라는 한편의 무서운 측면을 깨달았다. '과연 내가 소중한 것들은 뒷전으로 한 채 돈만 좇아가는 게 맞는 걸까? 버는 것에 비례해 주변 사람들도 챙겨 가며 마음의 수준까지 올려야 진정한 부자이지 않을까?' 생각했던 것 같다.

돈이라는 것은 욕심을 내면 그 욕심이 더 커지고 그 커진 욕심이 더 커져 밑을 내려다볼 수가 없게 된다. 그렇다고 돈을 계속 모으지 말라는 뜻은 아니다. '돈'이라는 것을 무서운 집착으로만 모으는 것이 아닌 통제할 수 있는 힘도 함께 길러야 한다는 것이다. 더불어 그 돈에 어울리는 인품, 선한 영향력을 가져 좋은 곳에 소비해야 한다는 것이다. 내가 말하는 진짜 부자와 가짜 부자의 차이점은 이 내용에서 나온다.

우리는 처음 돈을 모을 때 이러한 것들을 모른 채 무작정 부자가 되겠다는 꿈만 가지고 사업을 시작한다. 하지만 어느 순간 뒤돌아보았을 때 가진 것만 많은 텅 빈 자신의 모습을 보게 될 것이다. 돈이라는 것도 사람이 자신의 그릇에 품을 수 있어야 가치가 더 높아진다. 즉, 우리는 돈을 생각 없이 모으거나 소비하는 것이 아닌 담는 마음의 그릇도 함께 키워나가야 한다는 뜻이다. 절대로 돈만 좇는 사람이 되지 말자. 결국 인생이 황폐해질 것이다. 내 유튜브 구독자들과 주변 사람들이 모두 충분한 돈을 벌어서 자신이 꿈꾸었던 모습으로 행복하게 살길 바란다.

우리 모두는 소중한 사람들을 지키기 위해 돈을 벌 것이다. 정말 그들을 지키고 싶고 그들과 행복하게 지내는 것을 꿈꾼다면 항상 이 내용을 기억하자. 버는 것에만 집중하지 말고 소중한 돈과 마음의 그릇 이 두 가지를 함께 챙겨야 한다는 것을…. 이제는 돈과 마음의 그릇, 반드시 투 트랙으로 가라. 가짜 부자를 경계하고 멀리하며 이 내용을 꼭 마음에 담아 부자가 되는 단계로 향해 보자.

"

우리가
원하는 것들은
늘 두려움
저편에 있다.

"

혼자 할 수 있는 일은 한계가 있다.
늘 좋은 사람들을 곁에 두고 함께 진행해야
더 좋은 시너지를 얻을 수 있다.

PART . 2

부자가
되고 싶다면
알아야 하는 것들

── **목표와 성공의 차이를 구분 지을 수 있을까?**

많은 사람이 저마다 각자의 목표를 정한 후 사업을 시작한다. 이 글을 읽고 있는 당신도 정해놓은 목표가 분명 있을 것이다. 그렇다면 사업적으로 목표를 잡을 수 있는 부분은 무엇이 있을까? 제일 처음 드는 생각은 매출일 것이다. 매출을 달성한 후로는 사업의 확장이라든가 다른 사업의 시작을 위해 또 다른 길을 선택하고자 하는 목표도 분명히 있을 것이다. 정해놓은 목표는 달성할 수도 있고 혹은 실패할 수도 있다. 내가 하나하나 정했던 목표를 달성해가던 과정과 그 속에서 알게 되었던 것들을 나눠보고자 한다.

부를 이루는
3가지 원칙

당신은 사업을 진행하거나 혹은 어떠한 일을 시작할 때 반드시 지켜야 하는 룰이나 원칙이 있는가? 나는 이커머스 사업을 시작하면서 부를 이루기 위한 나만의 3가지 원칙을 세웠다.

첫 번째는 성실함이다. 나와 동일한 사업을 하는 사람들은 종종 '재능이 뛰어났던 게 아니냐'라고 이야기한다. 하지만 민망하게도 나는 사업을 시작했을 때부터 아주 평범한 사람이었고 지금도 아주 평범한 사업가다. 의외로 많은 사람이 사업에 성공한 사람들은 특별한 재능이 있을 거라고 생각한다. 물론 그들의 생각은 충분히 이해하지만, 사실 내 생각은 다르다. 그들이 말하는 재능 있는 사람들을 대상으로, 소위 말하는 한 분야의 전문가들과 함께 비교해 본다면 확연하게 드러나는 차이점이 있다. 예를 들어, 연륜에서 비롯된 노련함과 탄탄함으로 다져진 자신만의 사업비법이 있다거나 대표까지 갈 수 있었던 사업가 마인드까지 전문가와 재능이 있는 사람들의 차이점은 확연히 보인다. 나는 사업에 있어서 '재능이 있다 없다'보다는 '게으름과 자만심 없이 얼마나 성실하게 진행해왔나'가 더 중요하다고 생각한다. 그렇다고 재능을 무시하는 것은 절대 아니다. 사업을 10년 한 사람과 1년도 채 안 된 사람의 성과가 동일하다면 분명 재능의 부분도 무시하지 못한다. 하지만 또 다른 시각으로 10년 한 사람과 1년도 채 안 된 사람을 본다면 그 둘의 노련함과 그 분야의 지식 차이는 단번에 확인이 가능하다.

성실함과 더불어 중요하게 생각해야 하는 것은 꾸준함이다. 꾸준함은 절대 무시할 수 없다. 특히 인간이라면 더더욱 무언가를 꾸준히 하기 어렵기 때문이다. 예를 들어, 턱걸이를 하는 사람이 있다고 하자. 그 사람이 처음 턱걸이를 시작했을 때 5분의 1 정도만 성공하고 그다음 날은 5분의 2, 그다음 날은

5분의 3… 매일 같은 시간에 턱걸이를 한다면 어떤 변화가 생길까? 물론 그 변화가 처음에는 미미해 보일 수 있다. 하지만 처음부터 20개, 30개씩 하는 '재능' 있는 사람들보다 꾸준히 한 사람은 훨씬 더 오래 버틸 수 있다. 또 혹시 모를 부상에 대처하는 노련함도 생긴다. 재능이 있어서 처음부터 잘하는 사람은 모르는, 자신만의 비법이 생기는 것이다.

꾸준함과 성실함은 특별해 보이는 재능을 뛰어넘는다. 때로는 그 꾸준함이 반복되는 일상에서 성공이 멀게만 느껴지고 '지금 하는 사업이 내 길이 아닌가?'라는 부정적인 생각이 들 수도 있다. 내가 장담할 수 있는 것은 오히려 그 반대라는 것이다. 꾸준함이라는 것은 단순 반복이 아닌 오래 버틸 수 있는 힘과 내공을 쌓는 과정이라고 생각한다. 특히 내가 하고 있는 이커머스 사업에서 꾸준함과 성실함은 성공에 상당한 부분을 차지한다.

두 번째 원칙은 '실패는 당연하다'라는 마음이다. 실패를 두려워하지 않는 사람이 있을까? 자본금이 많아도, 전문 지식이 넘칠지라도 실패에 뒤따르는 리스크는 아무리 대범한 사람이라 할지언정 큰 트라우마로 남을 수 있다. 하지만 나는 반드시 무엇을 하든 처음 시작할 때는 반드시 어느 정도의 실패가 필요하다고 본다. 처음부터 성공하는 사람은 극소수다. 내가 그 극소수 안에 들면 좋겠지만 안타깝게도 정말 어려운 일이다. 과연 처음부터 성공한 사람과 실패를 거듭하며 사업을 진행하는 사람 중 어떤 사람이 내공이 깊을까? 난 당연히 후자라고 생각한다.

다소 흑역사지만, 내가 처음 미국 구매대행을 시작했을 때 한참 즐겨 읽던 『신의 물방울』이라는 만화책이 있었다. 당시 책을 무척 재미있게 읽고 있던 터라 당연히 '와인'을 소싱해보자는 생각이 번뜩였다. 그 길로 나는 '미국의 유명 와인을 수입해서 국내에 판매해야지'라는 계획을 세웠다. 국내 유명 와인 온라인 카페에 무작정 홍보를 하며 드디어 나만의 사업을 멋지게 시작했다는 자신감에 가득 차 있었다. 나는 정말 그 길로 성공할 줄 알았다. 하지만 현재 이커머스 사업을 하는 사람들은 알 것이다. 주류는 온라인에서 판매 금지 상품이다. 나는 그 사실을 알아차린 후 와인 소싱 계획을 접었다. 이를 계기로 나는 절대 주류 쪽은 쳐다보지도 않는다. 다소 웃기고 별것 아닌 이야기라고 생각할 수 있지만 나에게는 그 일이 어떤 사업을 시작하든 하나부터 열까지 꼼꼼하게 체크한 후 진행하는 좋은 습관을 만들 수 있는 계기가 되었다.

16년 이상 사업을 진행해오면서 내가 기억도 하지 못하는 더한 실수도 많았을 것이다. 지금 돌이켜보면 '왜 그렇게 했을까?'라고 생각이 들 정도로 터무니없는 실패도 분명 있었다. 그러나 나는 그런 행동들에 전혀 후회는 없다. 그 실패들이 모여 지금의 내가 될 수 있었고 이 글을 읽고 있는 당신을 만나게 되었으니까.

실패는 큰 리스크를 남기지만 그로 인한 공부는 성공해서 배우는 것보다 더 크고 값지다고 생각한다. 실패했을 때 그 실패에서 끝내면 안 된다. 그 뒤에 따라오는 깨달음과 배움을 내 것으로 만드는 것이 정말 중요하다. 실패의 전적이 많다고 해서 결국 실패한 사람인 것은 아니다. 실패를 마냥 쓰다고만 생각하지 말자. 분명 지금의 실패가 미래의 무용담이 되는 날이 올 것이다.

마지막 세 번째 원칙은 당장 실현하자는 것이다. 전 세계에는 아이디어가 많은 사람이 넘쳐난다. 하지만 정작 그 번뜩이는 아이디어를 실현하는 사람은 과연 몇이나 될까? 나는 떠오른 아이디어를 고민하지 않고 바로 실현하는 사람을 높이 평가한다. '아이디어가 떠오른다고 바로 실현했을 때 실패하면 누가 책임지나' 고민하는 사람도 있을 것이다. 스타터들의 꿈의 종착지인 실리콘밸리 기업의 상품 중 대다수는 완벽한 상태가 아닌, 기본적인 것들만 단순 작동되는 상태로 시장에 출시된다. 해당 상품의 보완은 추후의 일이다. 오히려 완벽한 상품을 시장에 내놓았을 때 예상외로 실패 전례가 더 많았다고 한다. 이 이야기를 하는 이유는 결국 처음부터 완벽한 사업과 상품은 없다는 걸 이야기해주고 싶어서다. 완벽함에만 몰두한 다면 정작 좋은 타이밍을 영영 놓쳐버릴지도 모른다. 번뜩이는 아이디어가 있다면 약간의 실행력과 빠른 행동력이 최적의 성공 타이밍이 될 것이다. 혹여 또 다른 실패가 될 수도 있지만 그래도 어떤가? 결국 그 실현이 당신의 성공에 중요한 시작점이 될 것이다.

나만의 이 3가지의 원칙은 금전적인 소비가 되는 것도 아니고 제3자의 도움이 필요한 부분도 아니다. 오로지 내 몸과 결심만으로도 충분히 할 수 있는 것들이다. 성공을 꿈꾼다면 이보다 더 쉽고 무자본으로 할 수 있는 원칙은 없다. 내일부터, 모레부터 하자고 미루지 말고 지금 당장 시작해 보자. 성공은 의외로 당신의 생각보다 더 가까이 있다.

성공에
가까워지는
법칙

'사업으로서의 성공은 과연 무엇일까?'

사실 사업의 성공보다 목표를 많이 잡았던 나로서는 평소에도 이 질문에 대한 고민을 정말 많이 했다. 목표가 단지 내 기준에 맞추어 내가 정한 것이라면 성공은 남들의 기준까지 더한 것이기 때문에 과연 내가 수많은 사업가 중에서 어느 정도로 성공했는지, 정말 내가 성공한 사업가인지 확실한 기준이 서지 않을 것이다. 과연 우리는 얼마만큼 성공한 사업가일까?

나는 성공과 목표가 각자의 점이라고 생각한다. 그 점들이 모여 선을 이루고 그 선이 길면 길어질수록 내 사업의 정체성과 방향성이 뚜렷해지는 것 같다. 그 점들은 내려갈 수도 혹은 운이 좋아서 올라갈 수도 있다. 잔인한 말이지만, 우리의 사업은 성공 아니면 실패로 확실하게 갈린다. 꾸준한 유지도 정말 어렵다. 당신은 '과연 내가 목표를 이루었다고 해서 쭉 성공적으로 살 수 있을까? 사업에 성공하기만 하면 내가 원하는 대로 살 수 있을까?' 이러한 고민을 수도 없이 할 것이다. 왜냐면 나도 한 고민이기 때문이다. 하지만 우리 함께 시각을 바꾸어서 목표와 성공을 앞서 말한 점으로만 보면 어떨까?

목표와 성공을 나누지 말고 그 선을 유지하며 우상향하는 것이 진정 사업을 꾸준히 진행할 수 있는 방법이다. 내가 이 사업을 하면서 느낀 것은 '목표와 성공이라는 작은 점들이 모이고, 결국 그 점을 연결한다면 절대 그 선은 내려가지 않는다'라는 것이다. 목표와 성공을 적절하게 활용하자. 분명 목표만 길어진다면 장기적인 사업을 하기가 어려울 것이다. 그렇다고 마냥 큰 성공만 바라보며 가지 말자. 진정으로 내가 바라던 수준까지 성공하기 바란다면 적절한 목표와 실패에서 배우는 공부도 필요하다.

1인 사업가들이 가장 많이 하는 착각은 '내가 완벽하지 않으면 실패할 것이다'라고 생각하는 것이다. 물론 그들의 걱정에는 충분히 공감한다. 하지만 이 세상에 완벽한 비즈니스는 없듯 너무 완벽하게 잘하려고만 한다면 계획했던 것과는 달리 실패할 수 있는 확률이 더 높아질 수 있다. 16년 차 사업 경력을 가진 내가 생각하는 최적의 준비 상태는 80% 정도의 실력과 자신감이 생겼을 때다. 더불어 비즈니스 시장의 흐름과 트렌드를 어느 정도 볼 수 있는 시각이 생겼다면 고민 없이 시작하는 것이 좋다. 목표와 성공의 선이 이루어졌을 때 비로소 나만의 사업을 진행할 적절한 타이밍이라고 또다시 강조하고 싶다.

더 좋은 방법도 있다. 비즈니스를 시작할 때 그 일에 시너지를 줄 수 있는 사람과 함께한다면 사업 성공률은 2배가 된다. 나는 사업에서 함께하는 사람이 가장 중요하다고 생각한다. 비록 내가 가질 수 있는 소득의 파이는 줄어들겠지만, 오히려 불필요한 시간과 비용을 줄일 수 있고 혼자 진행했을 때 얻을 수 있는 리스크의 반이 줄어드는 이득이 생기는 장점이 정말 크다.

그렇다면 어떤 사람들과 같이 일을 해야 할지, 혹은 어떻게 동업자를 구해야 할지 감이 잡히지 않을 수 있을 것이다. 나 같은 경우는 모두가 알고 있다시피 아무런 도움과 정보를 받을 수 없었을 때부터 시작했던 터라 계란으로 바위 치는 격으로 사업에 부딪쳐야만 했었다. 이커머스 시장을 크게 키우고 싫었던 나는, 한정적인 정보 안에서 내가 필요한 것들을 얻는 와중에도 기회를 잡을 수 있는 그 순간들을 계속해서 찾았던 것 같다. 그 당시 해외 구매대행 셀러로 시작한 만큼 국내에 있던 해외 구매대행 솔루션과 배대지들을 모두 이용해 봤었어야 했는데, 그 사업 업체 중 나에게 도움을 줄 수 있는 사업가들을 찾을 수 있었다.

물론 해당 업체 대표님들이 나에게 정보를 준 것은 절대 아니다. 하지만 해당 시장 속에 속해 있는 사람들 중 나의 위치를 정확하게 알아볼 수 있었던 방법 중 하나는 각 업체 대표님들에게 꾸준하게 내 사업 진행을 알리며 확인을 받는 것이었다.

"대표님! 저 지금 한 달에 물량이 이 정도 나오는 거면, 잘하고 있는 걸까요?"

"매주 이 정도 주문 건이 들어온다면 국내 셀러 중에서 순위 안에 들 수 있나요?"

끊임없이 나의 위치를 되묻고 또 되물으며 자신감과 흐트러지지 않는 정신력을 잡으려고 항상 노력하곤 했는데, 그때 용기를 북돋아 주시며 도와준 대표님들이 현재까지도 나와 일을 함께하고 있는 업체 대표님들이시다. 정민소프트의 손성필 대표님과 AL의 안병록 대표님 그리고 엘덱스 박준억 대표님,

이 세 분이 현재까지 나와 함께한 지 어느덧 10년이라는 길다면 긴 시간이 흘렀다. 과거와 달라진 것이 있다면 셀러와 업체 사이가 아닌, 이제는 서로 윈윈할 수 있는 동업 관계가 되었다는 것이다. 아무것도 모르는 셀러였던 사업 초기, 많은 도움을 받았듯 이제 나 역시도 내 사업을 하는 동안, 도움을 줄 수 있는 든든한 동업자가 되고 싶다.

나는 사업도 있지만 내가 운영하는 해외 구매대행 셀러 전용 프로그램도 있다. 내가 처음 IT 사업에 눈뜨게 되었을 때 '이커머스 사업을 하는 내가 과연 어떤 프로그램 사업을 진행할 수 있을까' 고민을 많이 했다. 당시의 나는 프로그램을 만들거나 기획할 수 있는 전문가도 아니었다. 하지만 이커머스와 관련되어 필요한 프로그램이 무엇인지는 알고 있었다. 거기다 솔루션 업체를 선택할 수 있는 사업적 눈도 있었다. 나는 사업 아이디어 제공과 마케팅을 담당할 수 있으니 솔루션 업체는 기술적인 부분을 담당하면 되는 것이었다. 그렇게 탄생한 것이 해외 구매대행 셀러라면 모두가 아는 상품, 반자동 솔루션 '투플렉스'다.

모두가 꿈꾸는 사업의 성공이라는 것은 단지 점으로 끝이 나는 것이 아닌 쭉 진행되는 선이 되어야 한다. 누군가는 부러워할 만한 성공한 사업일지라도 길면 최대 6년, 짧다면 최소

3년까지만 연명이 가능할 것이다. 사업은 AI나 기계가 진행하는 것이 아닌 사람들이 하는 일이라 소위 말하는 '대박이 났다!'라는 소문이 퍼지기도 전에 금세 라이벌이 생기고 동일한 사업이 우후죽순 생기기 마련이다. 늘 반복적으로 돌아가는 시장의 실태를 너무나도 잘 알고 있는 나는 누구보다 현재 상황에 안주하지 않고 계속해서 새로운 머니 파이프라인을 찾으며 지내고 있다. 정말 아쉽게도 영원한 사업이라는 것은 절대 없다.

세상에 당연한 것은 없듯이 성공도, 부도 나에게 당연하게 따라오는 것이 아니다. 간혹 '정말 내가 이 분야에서 발을 뻗을 만한 사람인가?'라는 생각이 들 때는 위를 쳐다본다. 하루만 지나도 또 다른 성공한 사업가가 나타나는 시대이다. 어느 정도 성공했다고 해서 자아도취에 빠지는 것은 절대 금물이다. 자만심과 안주는 당신이 가고자 하는 길을 방해하고, 게으름의 늪에 빠지게 만드는 최고의 독이 될 수 있다.

다른 사업가들이 봤을 때는 내가 사업을 오래했으니 전문가라고 생각하겠지만, 나는 아직도 여전히 부족함이 많은 사람이다. 그 부족함을 채우기 위해 어떤 부분이든 항상 노력하고 있다. 때로는 경험이 적은 젊은 사업가들의 이야기를 경청한다. 내가 놓칠 수 있는 발 빠른 트렌드라든가 MZ 세대의 사업가 마인드를 보면서 새롭게 할 수 있는 사업 아이템을 찾기도 하고, 무엇인가 하고자 하는 동기와 또 다른 열정을 얻을 수 있기 때문이다. 스스로 부족함을 인정하고 받아들이는 것은 발전 가능성을 높이는 태도라고 생각한다. 아무리 나이가 많고 한 사업에 오래 종사한 사람일지라도 겸손함을 갖춘다면 더 큰 부를 이루고 한 단계 더 성공한 사람이 될 수 있지 않을까?

성공은 어렵다. 하지만 성공으로 갈 수 있는 길은 무궁무진하다. 이 글을 읽고 있는 당신이 성공 길에 한 단계 더 가까워지길 바란다.

성공 근처에서만
맴도는 사람들에게

사업의 성공을 꿈꾼다면 이미 성공을 한 번이라도 맛본 사람들의 이야기나 가치관에 대해 찾아보는 것을 추천한다. 요즘 들어 사업가나 굳이 성공을 바라는 사람들이 아니더라도 다양한 연령층이 성공한 사람들의 이야기를 보며 본인의 일상으로 적용하는 사례들이 많다. 예를 들어, 미라클 모닝이나 하루 중 감사했던 일들을 일기장에 기록하기 등 성공한 사람들의 루틴 혹은 명언들을 자신의 인생 모토로 삼는 것을 심심찮게 볼 수 있다. 그뿐인가? 유튜브나 SNS 영상들을 본다면 부자들을 찾아가 인터뷰를 하며 그들의 인생을 들여다보는 콘텐츠들이 부쩍 인기이다. 직종이 다를지라도 성공한 사람들의 이야기에 귀기울이며 그들이 부자가 될 수 있었던 비법을 내 것으로 만들려는 자세가 성공을 꿈꾸는 사람들이 갖춰야 할 첫 번째 자세라고 생각한다. 하물며 우리는 큰 부자가 되려는 목표를 잡은 사업가이지 않은가? 이미 성공을 맛본 사업가들을 공부하며 그들의 습관을 내 것으로 만든다면, 성공에 도달하는 시간을 조금 더 단축할 수 있을 것이다.

내가 성공을 꿈꾸었을 때만 해도 주변 사람들은 거의 직장 생활을 하던 터라 조언을 구할 수 있는 사람들이 많지 않았다. 다사다난한 경험을 하며 지금 이 자리까지 오는 기간 동안, 만약 나에게 성공의 비법에 대한 질문을 하는 사람들이 생기면 반드시 말해주고 싶은 것이 있었다.

바로 '체력'이다. 뜬금없는 체력 얘기에 의아해할 수 있지만, 무엇을 하고자 목표를 잡았다면 반드시 체력을 길러야 한다고 말해주고 싶다. 체력은 곧 인내와 연결되어 있는데, 인내심은 작은 목표를 뛰어넘을 수 있게 해주고 그로 인해 작은 성공의 맛을 볼 수 있게 해준다. 그렇게 되면 나 스스로가 자신감을 얻게 되어 긍정적인 사고와 여유로움을 얻게 되고 이것들이 선순환해서 지속적으로 사업을 이어갈 수 있는 확신을 줄 것이다. 즉, 이 모든 것을 한 마디로 이야기하자면 사업가는 자기 관리가 필수라는 것이다.

'체력? 사업과는 별개이지 않나요?' 아직도 내 말에 의아한 사람들이 있을 수 있다. 사업을 진행하다 보면 사소한 일에도 감정 조절이 불가능할 때를 경험할 것이다. 바로 그 순간이 인내심이 바닥난 상황인 것인데, 인내심은 결국 체력에서 오는 거라고 생각한다. 쉽게 지치는 것과 감정 굴곡이 심하게 바뀌는 것도 체력이 바닥났기 때문에 감정 컨트롤이 힘든 것이다. 그래서 나는 처음 사업을 시작하는 사람들에게 건강기능식품을 반드시 챙겨 먹을 것과 주기적으로 운동하는 습관을 들이라고 당부한다. 만약 사업 때문에 바빠서 운동할 시간도 사치라는 생각을 하고 있는가? 그렇게 된다면 결국 내 사업의 수명을 갉아먹는 것이라는 것을 반드시 명심해야 할 것이다.

나는 2019년부터 이커머스 사업 창업을 희망하는 사람들을 대상으로 교육을 진행해 오고 있다. 현재까지 대략 3,000명 이상의 수강생을 교육했다. 그러면서 교육생들의 성공과 실패 과정들을 무수히 봐왔다. 16년 차 사업가의 시선에서 보았을 때 성공하는 사람들과 성공 근처에서만 맴도는 사람들의 차이점은 무엇일까 생각해 보았다.

내가 앞서 말한 것과 같이 사업은 모두가 동등한 출발선에서 시작한다. 하지만 어느 정도의 기본 이론이 잡힌 후부터는 처음 시작할 때 마음먹은 것만으로는 진행이 되지 않는다. 대략 해당 시점에서부터 성공하는 사람들과 그렇지 못하는 사람들의 눈에 보이지 않는 차이점이 나타나기 시작한다.

우선 성공한 사람들의 첫 번째 공통점은 어떠한 상황에도 지치거나 멈추지 않는다는 것이다. 사업 초반에 실제 일을 진행하다 보면 여러 가지 변수들이 생긴다. 이 시점에서 당혹감과 막막함을 가지고 도중에 그만두는 사람들을 여럿 보았다. 매번 닥쳐올 상황에 겁을 먹으며 그만둘 생각을 한다면 어떤 사업이든 이어 나가기가 쉽지 않다. 어떠한 일을 하든 케이스는 달라도 분명 동일한 상황이 다시 찾아올 것이다. 어차피 겪고 지나가야 할 과정들은 이겨내야만 한다. 성공한 사람들의 다른 점은 집요하게 일을 해결하고, 위기의 순간을 활용해 성공할 수 있는 또 하나의 상황으로 전환한다는 것이다. 변수들을 계속 만나면 엄청난 스트레스가 되긴 하지만 그 시련들을 이겨내고 사업을 계속해서 진행한다면 처음 변수를 만났을 때의 대처법과 두 번째 변수를 만났을 때의 대처법은 분명하게 다를 것이다. 또 문제를 해결해 나가며 한 단계 업그레이드된 사업가로 성장해 나갈 수 있다.

두 번째, 성공한 사람들은 부자가 되고 싶은 이유가 명확하다. 나 또한 '부자가 되고 싶다'는 확실한 목표와 열정이 있었다. 부자가 되고 싶은 이유가 명확한 사람이라면 무엇을 하든 그 꿈을 위해 철저하게 미래를 계획하는 사람일 가능성이 크다. 그렇기 때문에 그들은 남들에 비해 시간을 허투루 쓰지 않는다. 사업이라는 것은 직장 생활과는 다르기 때문에 시간 분배가 정말 중요하다. '지금은 조금 쉬고 나중에 하면 되겠지'라는 게으른 생각은 사업의 성공에서 한 발짝씩 멀어지는 뒷걸음질밖에 되지 않는다. 미루다 보면 결국 잊어버린다. 성실과 근면은 사업을 크게 성장시킬 수 있는 하나의 연장선이 된다. 반복되는 하루가 불안하고 진전이 없다는 생각이 든다면 자신만의 루틴을 만들어 보자. 자신이 만든 루틴들을 꾸준하게 지킨다면 미미하다고 생각했던 결과물들이 큰 성공의 바탕과 경험으로 남을 것이다.

내 휴대폰 주소록을 들여다보면 수천 개의 연락처가 있다. 아마 내 교육을 수강한 수강생들의 연락처가 가장 많을 것이다. 분명 그중 상당수는 더 이상 이커머스 사업을 하고 있지 않은 수강생들도 있을 것이다. 또 한편으로는 많은 수강생이 현재까지도 이커머스 사업을 진행 중이다. 바쁜 스케줄 속에서 시간이 날 때마다 틈틈이 그들에게 연락을 하곤 하는데, 그럴 때마다 그들은 또 다른 무엇인가를 새로 시작하고 있었다.

근황을 듣다 보면 대견하기도 하고 한편으로는 그들을 통해 새로운 에너지와 영감을 받는다. 그들은 항상 남들보다 빠르게 새로운 비즈니스 창업 혹은 투자처 확보, 부동산 관련 사업, 또 다른 이커머스 사업 교육 등 쉬지 않고 자기계발을 하고 있었다. 과연 그들은 시간이 남아돌아서 시간과 강의비를 투자하는 것일까? 절대 아니다.

그들은 더 큰 부자가 되기 위해 자신의 시간과 금전적인 투자를 해가며 자신을 성장시키고 있는 것이다. 사실 머무르거나 안주하지 않는다는 것은 정말 어려운 일이다. 특히 내가 어느 정도 부를 가진 상황이라면 더더욱이 힘들다. 하지만 현실에 안주하며 머무르는 것은 더 이상 성장하지 못할 뿐 아니라 득이 되는 것도 절대 없다. 아무리 성공한 사업일지라도 길면 6년이고 최소 3년까지만 버티는 게 가능하다. 100세 시대인 지금, 자기계발은 사업을 위해서는 물론이고 자신의 성장을 위해 꾸준히 해야 한다.

마지막은 늘 강조하는 인성이다. 돈을 담는 그릇을 만드는 데 인성은 아주 큰 부분을 차지한다. 내 주변에 성공한 사업가들을 보면 그들은 누구에게나 친절하다. 물론 '여유가 있으니 친절하겠지'라고 생각할 수 있다. 하지만 그들은 사람을 배려할 줄 아는 자세가 이미 갖춰져 있다. 다른 사람의 마음을 헤아린다는 것이 말은 쉽지만 상당히 어려운 일이다. 남의 말을 귀담아들을 줄 알고 포용력이 있어야 부가 자연스레 나에게 온다. 혼자서만 성공해야 한다는 이기적인 욕심은 결국 나에게 화로 돌아온다. 결국 사업은 시장 싸움이다. 혼자 승자 독식하는 건 절대 있을 수 없다. 그렇기 때문에 시기와 질투는 밀어두고 겸손하게 사람을 대하자. 언젠가 친절하게 베풀었던 내 배려가 2배의 행운이 되어 돌아올 것이다.

옛말에 '큰 부자는 하늘에서 내린다'라는 말이 있다. 그렇다면 작은 부자가 될 수 있는 방법은 충분히 개인의 노력으로 가능하다는 말이다. 내가 떠올리는 성공한 사람들의 공통점은 의외로 모두 비슷했다. 남의 성공만 바라보며 근처만 맴도는 사람들에게 시작이 반이라는 말과 함께 자신의 노력으로 꼭 '부'를 쟁취해 보았으면 좋겠다는 말을 해주고 싶다.

사업가 마인드를 가진 사람으로 변화하라

요즘은 직장인에서 사업가로 전향하는 사람들이 점차 많아지는 추세다. 예전엔 퇴직이나 은퇴 후 사업을 하는 사람들이 많았다면 이제는 나이와 커리어에 상관없이 모두 본인의 사업을 위해 직장에서 뛰쳐나온다. 연령층도 다양해졌다. 각자의 머니 파이프라인을 찾아내 남들보다 발 빠르게 또 하나의 소득을 만들어 가는 것이 이제는 당연한 시대가 된 듯하다.

그렇다면 우리가 직장에서 받는 월급 외에 얻을 수 있는 소득은 무엇이 있을까? 아마도 부동산, 주식, 코인 투자, 작은 부업으로 다른 일을 시작하는 것 등이 있을 것이다. 나도 직장에 다니면서 투자금 대비 큰 수익률을 낼 수 있는 것이 무엇일까 매일매일 고민했다. 그러다 내가 일한 만큼 돈이 움직이는 것을 시각적으로 볼 수 있는 일은 무엇일까 생각하다가 '사업'이 답이라는 생각이 들어 그 길로 들어오게 된 것이다. 만일 당신이 직장인 상태에서 '부'를 꿈꾸며 사업자로 전향하려 한다면 항상 돈이 들어오는 시스템 안에서 움직이며 일을 해야 한다는 말을 전하고 싶다.

직장 생활은 돈을 벌 수 없는 구조라는 뜻은 아니다. 하지만 진정 '돈을 많이 벌고 싶다'라고 생각한다면 남의 부를 위한 것이 아닌 자신의 부를 위해 스스로 해야만 하는 것들을 해야 좋은 결과를 얻을 수 있다. 근로소득자의 삶에서 벗어나고자 한다면 생각도 그만큼 달라져야 한다. 만일 당신이 남들보다 '부'에 대한 욕심이 조금이나마 있는 사람이라면 아마도 부동산, 주식, 재테크 등 본업 이외 또 다른 머니 파이프라인을 만들어 왔을 수도 있다. 그러나 이제는 사업을 하는 사람으로 환경과 자리가 바뀌었으니 사업 소득을 통해 기타 '부'를 쌓을 수 있는 방법이 무궁무진하다는 것을 깨닫고 그 방법을 배워나가야 한다.

본명 외에 나는 '투트랙'이라는 닉네임으로 활동하고 있다. '투트랙Two Track'은 말 그대로 2가지 길인데, 사업과 부동산 투자 등 내가 원하는 2가지를 모두 잡아보자는 목표로 해당 닉네임을 지었다. 이제는 '무조건 한 분야에서만 성공해야 한다'는 것이 고리타분해진 세상이다. 또 다른 머니 파이프라인을 찾아 소득을 내야 한다. 한 가지 일만 반복해서는 진정한 사업가가 될 수 없다. 꾸준히 나만의 또 다른 트랙을 만들어 가야 한다.

시간을 팔아 돈으로 바꾸었던 근로자였다면 이제는 돈을 팔아 시간으로 바꾸는 사업가가 되어야 한다. 직장인 혹은 학생들은 1시간당 얼마를 벌 수 있을까? 프리랜서가 아니라면 대부분 금액은 정해져 있을 것이다. 하지만 사업가라면 모든 행위와 시간에 비례해 숫자적으로 수익률을 낼 수 있어야 한다. 예를 들어, 병행수입하는 사업가가 되어 상품을 판매할 예정이라고 가정해 보자. 만일 근로자 마인드를 가졌다면 상품 상세페이지 제작법을 배워 본인이 제작할 것이다. 그렇다면 비용도 아낄 수 있고 내 능력치도 높아진다. 하지만 시간 투자가 많은 영역이라 여기에 몰두하다 보면 내가 예상했던 일정보다 상품 출시일이 늦어질 것이다. 사업가라면 상세페이지 제작을 하는 디자이너를 고용한 후 빠른 시간 내에 완벽한 결과물을 만들어 내야 한다. 과연 이것이 내 발전 없이 돈만 지출하는 사업가가 된 것일까? 절대 아니다. 과연 어떤 사람이 사업가로서 빠르게 성장하며 시장을 보는 안목을 높일 수 있을지 한번 생각해 보자. 사실 말은 쉽지만 하루아침에 그동안의 습관과 태도를 바꾸는 것이 어려울 거라는 걸 잘 안다. 그러나 시간이 걸리더라도 천천히 직장인의 습관들을 모두 바꿔야 한다.

빠르게 성공하는 사업은 극히 드물다. 설사 쉽고 빠르게 성장하더라도 그런 것들은 쉽게 무너지기 십상이다. 비록 느릴지라도 천천히 나의 자리를 찾아가는 것이 진정으로 탄탄하게 성공할 수 있는 사람이 되는 방법이다. 어렵게 느껴지더라도 인내하며 견뎌내자. 우리 모두 같이 성공하는 사업가가 되어 보자.

성공한 사람들의
공통점

우선 이 이야기를 하기 앞서 '내가 과연 성공한 사람인가' 고민이 먼저 앞선다. 하지만 내일의 부자를 꿈꾸는 당신을 위해 나와 내 주변의 성공한 사람들이 가진 내적인 공통점을 말해주고 싶다.

첫 번째로 그들은 결핍을 가지고 있다. 여기서 말하는 결핍은 애정이나 감정적인 결핍을 말하는 것이 아니다. 돈에 대한 결핍, 즉 부에 관한 욕망과 지식에 대한 결핍, 자유로움에 대한 결핍을 의미한다. 누군가는 반복되는 가난을 멈추기 위해 돈에 결핍이 생기고, 누군가는 시간적 여유를 갈망해 자신만의 자유를 얻는 데에 결핍이 생긴다. 내가 봐온 성공한 사업가들은 이러한 결핍 강도의 세기가 아주 높은 사람들이다. 나는 유년 시절부터 겪었던 가난 때문에 반드시 부자가 되어야 한다는 욕망과 결핍이 한구석에 크게 자리잡았다. 항상 부자를 갈망했던 나였기에 당장 빠르게 부자가 될 수 있는 길은 오로지 돈을 벌어서 성공하는 길밖에 없다고 생각했다. 돈을 벌 수 있는 길은 많았지만, 혼자서도 할 수 있는 사업이 가장 나에게 적합하다고 생각이 들어 이커머스 사업에 뛰어들었다.

나는 부자가 되겠다는 한 가지의 이유만 생각하며 앞도 뒤도 보지 않고 일을 했는데 그렇게 16년이 흐른 지금, 내 모습과 내가 이룬 것들이 그 결과를 말해주고 있다. 나는 16년 동안 꽤 많은 것들을 깨닫게 되었고 처음 꿈꾸었던 내 모습보다 현재 더 많은 것들을 얻게 되었다. 나는 내 안의 그 결핍들이 애초에 자리잡지 않았더라면 절박함 또한 없었을 거라고 생각한다. 나는 결핍이 마냥 안 좋은 것이 아니라 내 목표와 꿈을 위해 필요한 도움닫기 같은 큰 역할을 한다고 사람들에게 얘기한다. 성공한 사람들도 마찬가지일 것이다. 그 결핍을 숨겨두지 않고 나의 성공에 불씨가 될 수 있게만 해준다면 큰 원동력으로 변하게 된다.

두 번째로 성공한 사람들의 공통점은 오랜 경력을 가졌다는 것이다. 하지만 오래 일을 한 사람이라고 무조건 성공하지 않는다. 오랜 기간 일을 한 사람들은 관성의 법칙에 의해 일에 대한 습관이나 그 일에 대한 강도, 루틴들이 몸에 배어있다. 그렇기 때문에 처음 진행하는 사업에 이전에 일했던 본인들의 루틴이 있어 그 관습을 깨기가 힘들다. 하지만 그 습관의 관성을 깨는 사람들만이 결국엔 성공을 쟁취했다.

세 번째는 평상시 독서량이 많은 사람이었다는 것이다. 책의 중요성은 모두가 알고 있을 것이다. 이미 책을 한 번 출간했던 나로서는 '책에는 한 사람의 엄청난 노력이 들고, 어떠한 거짓말도 들어갈 수 없다'는 것을 잘 알고 있다. 즉, 책 한 권에는 한 사람의 인생이 담겨 있다는 뜻이다. 6~7시간 동안의 짧은 독서만으로 성공한 한 사람의 인생을 배우게 되고 노하우를 배우게 된다면 이보다 더 좋은 교과서가 어디 있을까? 이렇듯 성공한 사람들은 독서를 통해 빠르게 사업가 마인드를 캐치해 내고 배우며 자신에게 적용한다.

마지막으로는 긍정적인 마인드를 가지고 있다는 것이다. 긍정적인 생각은 습관을 만들고 그 습관은 행동을 만들며 마지막엔 결과를 만든다. 아무리 불가능해 보일지라도 성공을 꿈꾼다면 세상을 긍정적으로 바라볼 수 있어야 한다. 부정적인 사람은 무언가 행동으로 옮기기가 어렵다. 행동을 하더라도 100% 자신의 잠재력이 발휘되기 힘들다. 그 100% 안에서도 10~20%의 불신이 있기 때문이다. 그래서 부정적인 사람들은 무엇을 시작할 때 100%로 진행하기가 어렵다. 무언가 시작할 때 초반부터 100%의 에너지를 가지고 진행하기란 쉽지 않다. 거기다 만일 실패까지 해버린다면 일어나기가 더욱 힘들 것이다. 부정적인 생각은 끝없는 부정을 낳는다. 긍정적인 마인드로 다가가야 못 해낼 일들도 해낸다는 것을 잊지 말아야 한다.

성공한 사람들은 작은 일에도 감사하며 작은 돈도 허투루 사용하지 않는다. 작은 것이 모여 큰 결과를 만들어 내게 되는데, 만일 작은 일에도 감사함을 느끼지 못하고 작은 돈도 흥청망청 쓴다면 과연 큰일을 해낼 수 있을까? 돈을 우습게 알고 남에게 함부로 하는 사람들 중 성공한 사람이 몇이나 될까? 성공한 사람들의 공통점은 작지만 결국엔 큰 것들을 만들어 내는 힘이 있다는 것이다.

성공하고 싶다면 자신만의 좋은 결과를 낳을 수 있는 결핍과 강인함을 찾고, 많은 독서를 하며 긍정적인 마인드를 가지고 살자. 부자를 꿈꾸는 당신도 분명히 할 수 있는 일들이다.

눈앞에
놓인 운을
내 것으로 만드는 방법

나는 스포츠 중 특히나 야구를 좋아한다. 어린 시절부터 국가를 가리지 않고 야구 경기는 다 챙겨 볼 정도로 굉장한 팬이다. 리그와 국적을 따지지 않고 다양한 야구 선수들의 팬이기도 한 나는, 그중 메이저리그 소속의 오타니 쇼헤이 선수를 가장 좋아한다. 얼마 전 미국 메이저리그에서 아시아인 최초로 투수와 타자 두 포지션의 올스타에 뽑힌 선수가 바로 오타니 쇼헤이 선수다. 야구에는 '이도류'라는 것이 있다. 선수가 투타를 겸비해 모두 소화하는 것이다. 투수와 4번 타자를 능숙하게 해내는 그런 선수를 이도류라고 한다. 고교 야구에서는 이러한 능력치를 가진 선수들을 가끔 볼 수 있는데, 세계 0.1% 선수들이 모인 메이저리그에서는 그러한 능력치를 가진 선수를 찾아보기가 힘들다. 하지만 메이저리그 안에서도 2가지가 다 가능한 선수가 오타니 쇼헤이 선수다. 그냥 가능한 것뿐만이 아닌 세계 정상인들만 모인 메이저리그에서 투수와 타자 포지션에서 올스타로 2관왕을 손에 거머쥔 선수이기도 하다. 오타니 쇼헤이의 경우 엄청난 능력치를 가진 것뿐만이 아닌 만다라트 계획법이라는 본인만의 철저한 계획법과 자기 관리로도 유명하다.

그의 계획표를 보면 열심히 사는 나도 입이 벌어질 정도로 세심하게 작성되어 있는데, 이것을 고등학생인 시절부터 지금까지 철저하게 지키며 생활한다고 한다. 성공할 수밖에 없는 계획표라고 생각해 글을 읽는 당신도 한번 보았으면 한다. 그는 자기 관리뿐만이 아니라 인성이 좋은 것으로도 유명하다. 그의 인성과 관련해 유명한 일화가 있다. 경기가 끝나고 인터뷰 시간에 그날 출전한 선수와 감독이 함께 자리하게 되는데, 오타니 쇼헤이 선수는 감독이 앉을 의자를 먼저 마련한 후 기자회견을 진행한다. 이는 굉장히 동양적인 태도라 미국에서도 엄청난 화제가 되어 많은 관심과 기사들이 나왔었다. 젊은 나이에 우수한 야구 실력으로 메이저리그에 입단해 우리나라 돈으로 약 3천억 원 이상의 가치가 있는 그런 선수가 겸손하고 예의 바른 모습을 보여 나조차도 기사를 읽고 감탄의 탄식을 내뱉었다.

그가 한 인터뷰 중 유명한 어록이 있다. "누구든지 실력만 가지고는 절대로 성공할 수 없다고 생각합니다"라는 말이다. 그가 세계적인 선수가 될 수 있었던 이유는 마냥 훌륭한 능력치를 가진 것뿐만이 아닌 겸손과 예의도 겸비했기에 가능했다고 생각한다. 나는 최고가 되는 데 가장 절대적인 요소로 운을 꼽는다. 오타니 쇼헤이 선수도 마찬가지로 운을 스스로 얻을 수 있는 방법을 소개해 주었는데, 누구나 예상 가능한 방법이 아니어서 놀라움을 감추지 못했다.

- 경기장에서 쓰레기 줍기
- 타자가 던진 배트 직접 수거해서 배트 보이에게 전달하기
- 경기가 끝나면 라커룸 정리하기

과연 이러한 것들을 세계적인 스포츠 스타가 직접 한다면 믿을 수 있을까? 그는 이러한 행동을 가리켜 남이 던진 행운을 줍는다고 대답했다. 쓰레기 줍기, 공 줍기, 일상에서의 겸손,

팬과의 교감, 선수로서의 모범 등 남들이 무심코 스치고 지나갈 만한 것들을 오타니 쇼헤이 선수는 그냥 지나치지 않고 모범을 보임으로써, 그러한 것들이 그의 운으로 작용한 것이라고 생각했다.

나는 아직도 갈 길이 먼 사업가라고 생각한다. 한참 부족하기 때문에 더 노력하고 늘 친절하게 사람을 대하려고 한다. 그리고 주변 후배 사업가들에게 겸손, 예의, 실력 이 3가지면 어떠한 일을 하더라도 충분히 성공할 수 있다고 말한다. 오늘도, 내일도 나는 언제나 예의 바르고 솔선수범하는 사업가가 되려 노력할 것이다. 그러다 보면 나도, 이 글을 읽고 있는 당신도 사업적으로 실력이 쌓이며 운이 적용해 진정으로 더 큰 성공에 다가가지 않을까?

누구나 다 성공한 삶을 사는 누군가를 바라보며 부러워하고 목표로 삼을 것이다. 성공한 그들의 외적인 모습도 중요하지만, 결국 성공할 수밖에 없었던 내적인 요소도 꼭 들여다보길 바란다. 남들이 가볍게 생각하는 작은 것들도 무시하지 않고 챙긴다면 나 또한 성공한 삶을 살 수 있을 것이다.

부자의
마인드를 가져라

　　부자가 되고 싶다면 우선 자신이 가진 사고방식
과 평소 생활 습관을 살펴봐야 한다. 태어났을 때부터 부자가
아니라면 누구나 부자가 되기 위한 욕망이 조금씩은 가슴 한
편에 있을 것이다. 누군가는 그것을 부정적인 시각으로 볼 수
있겠지만, 난 그 욕망을 마냥 나쁘게만 보지 않는다. 그 욕망
이 인생에 동기부여가 되어 게으름 없이 부지런하게 삶을 보
낼 것이며 또 다른 누군가에게는 자기 발전의 이유가 될 수 있
기 때문이다. 하지만 부자가 되기 이전에 부자 마인드로 사고

와 태도를 바꾸어서 살아볼 것을 추천한다. 한 번뿐인 인생에서 누릴 수 있는 것들은 다 누려보고 죽어야 하지 않겠는가.

먼저 여유로움을 가져보자. 부자의 마인드를 갖지 못한 사람은 항상 미래를 걱정하며 살아간다. 아마 그 스트레스는 어마어마하게 클 것이다. 옛말에 천석꾼은 천 가지의 고민을 하고, 만석꾼은 만 가지의 고민을 한다는 말이 있듯이, 부자인 사람들도 나름대로 각자의 스트레스와 고민을 안고 산다. 여기서 말하는 여유로움은 금전적인 부분이 아닌 인생의 여유로움을 뜻한다. 어느 정도의 여유로움이 생겨야 시작할 수 있는 용기와 자신감이 생긴다.

한 번뿐인 인생에서 걱정만 하고 산다면 무슨 의미가 있을까? 돈을 버는 것도 의미가 없을 것이며 그렇게 된다면 세워둔 목표까지 모두 의미가 없어지게 될 것이다. 그러니 부자 마인드로 살고 싶다면 여유로움을 가져보도록 하자. 모든 것은 내가 정한 목표이고 내가 정한 꿈이다. 내가 정한 것들을 이루고 싶다면 나에게 먼저 조금 더 관대해져 보자.

인간의 욕심은 끝이 없다는 말이 있다. 내가 만일 10억을 가지고 있다면, 100억을 꿈꾸게 될 것이고 100억이 있다면 1,000억을 꿈꾸게 될 것이다. 부자 마인드를 가지게 되었다면 내가 목표하는 금액을 정한 후 그 이후부터는 조금씩이라도 생각의 변화와 환경의 변화 등 내 삶을 바꿀 수 있는 작은 노력이라도 시작해야 한다. 진정한 부자는 돈뿐만이 아니라 생각, 시간 그리고 여러 방면에서 자유를 누린다. 부자의 마인드가 뭔지 모르는 사람이라면 어떻게 해야 할까? 그럴 때 보는 것이 바로 책이다. 세상의 수많은 성공한 사람들의 철학과 마인드가 궁금하다면 독서로 알아낼 수 있다. 대부분의 책에서는 시간의 중요성을 강조하고 일에 너무 많은 투자는 하지 말라고 조언한다. 인생도 어느 정도 즐겨야 한다는 뜻이다. 앞서 말했듯이 사업가인 우리는 시간을 돈 주고 사야 하는 사람들이다. 그렇기 때문에 여유로움을 즐기려면 반드시 레버리지를 활용해야 한다.

다시 한번 말하지만, 가장 중요한 것은 내 인생이다. 살아 있다는 그 자체가 기적이라고 생각하며 늘 하루하루에 감사해야 한다. 어느 유명 칼럼니스트가 9·11 테러와 관련해 쓴 글을 읽은 적이 있다. 당시 비행기에 탑승했던 승객들은 사고가 난 후 비행기가 지상에 가까워질 때 통신이 잡혀 혼잡한 상황 속에서도 다들 문자를 보냈다고 한다. 그들이 가장 많이 보냈던 문자 내용은 무엇이었을까? 바로 '사랑해'라는 말이다. 인생은 사랑하기에도 짧은 시간이다. 사실 인생은 언제 끝나도 이상할 게 없다. 그렇기 때문에 늘 주변 사람들을 사랑하고 아껴주고 존중하며 살아야 한다. 혹 부자가 되었다 하더라도 모든 것이 스스로가 잘났기 때문이라고 생각하지 말아야 한다. 당신이 부자가 될 수 있었던 데에는 주변 사람들의 노력도 많았다는 것을 기억하자. 언제나 내 편에서 응원해 주는 가족들도 있을 것이며, 나를 지지해 주는 친구와 주변 지인들, 그리고 내 뜻을 따라주는 회사 직원들까지. 그들의 노력들을 잊지 말도록 해야 할 것이다.

늘 옆에 머물러 주는 존재들의 소중함을 잊지 말자. 나는 늘 내가 가진 것들에 대해 큰 감사함을 느끼고 행복감을 찾으려고 한다. 지나친 욕심보다는 감사함을 떠올리며 부자의 마인드를 잊지 말도록 하자.

당신은
누가 뭐래도
전문가다

직업 특성상 동종업계 사업가 모임이나 거래처 업체 미팅이 많다 보니 만나는 사람들과는 사업과 관련된 이야기를 많이 나누는 편이다. 오랜 시간 대화하다 보면 내 생각이나 의견을 들은 상대방이 "역시 전문가스럽다"는 반응을 많이 보이곤 한다. 그러면 한편으로는 사업가로서 걸어온 16년의 세월을 인정받는 것 같아 기분이 좋아진다. 이 글을 읽고 있는 당신도 전문가라는 것을 잊지 말자. 이커머스 사업을 하고 있는 당신도 나와 같은 선택을 했고, 수많은 시간과 노력을 투자해 많은 실패와 성공을 경험하며 지금의 자리에 있을 수 있게 되었을 것이다. 그러한 노력이 쉽지만은 않았다는 것 또한 충분히 누구보다 잘 안다. 물론 이제 막 사업가 타이틀을 단 사람이라면 '전문가'라는 단어가 어색할 것이다. 나 스스로 내가 전문가인지, 아님 비전문가인지 감도 잡히지 않을 것이다.

나는 전문가와 비전문가를 구별하는 기준이 좀 특별하다. 빠르게 변하는 트렌드와 시장 속에서 최소 1~2년 기간 동안 꾸준히 일을 하며 해당 사업을 통해 일자리를 창출해 내고, 누군가를 부양하는 상태라면 전문가라고 생각한다. 의외로 1~2년 동안 꾸준히 이커머스 사업을 진행하지만 일자리까지 창출하는 사람은 많지 않다. 그래서 더욱 일에 자신감을 가지고 진행하라는 말을 전하고 싶은 것이다. 나도 내가 16년이나 사업을 할 수 있을 거라고 예상하지 못했다. 묵묵히 성공과 실패를 모두 경험하며 내 자리를 지킨다면 당신도 충분히 1인 사업가에서 한 회사의 대표까지 가능할 것이다.

사실 세상이 정해 놓은 이커머스 사업 전문가의 기준이라는 것은 없다. 하지만 이 사업에서 반드시 나 스스로 이 사업의 전문가가 되어야 한다는 생각으로 일을 해야만 내가 원하는 결과를 얻을 수 있다. 최악의 조건과 환경이더라도 이 분야에서 단연 돋보이는 전문가가 되겠다고 생각하며 힘든 과정을 모두 이겨 낸다면 시간이 흐른 뒤 '전문가'라 불려도 쑥스럽지 않을 것이다. 우리 모두 굳세게 살아남고 이겨 내 결국 만나는 곳에서는 성공한 사업가로 마주하길 바란다.

평범한 사람이
부자가 될 확률을
높이는 법

최근 한 커뮤니티에서 재미난 글을 보았다. 30대부터 100세까지 무직으로 편안하게 살기 위해서는 생활비로 최소 50억이 필요하다는 글이었다. 그 글을 읽고 '내가 지금부터 아무런 일도 하지 않고 살면 최소 얼마가 필요할까?'라는 재미있는 고민을 해보았다. 그러다 문득 다른 사람들은 과연 얼마까지 필요하다고 생각할지 궁금해지기 시작했다. 이 글을 읽고 있는 당신은 최대 얼마까지 버는 것을 희망하는가? 10억? 100억? 아마 액수가 컸으면 컸지 개인마다 그 금액의 정도는 다양할 거라고 생각한다.

어마어마한 액수인 돈을 벌기 위해 사업에 대한 꿈은 가지고 있지만, 아직 실행조차 하지 못한 사람들도 많을 것이다. 아마 대부분은 직장인이거나 고정적인 소득을 얻는 직업을 가진 사람들일 것이다. 과연 사람들은 왜 아직도 사업을 시작하는 것에 대해 망설이고 있는 것일까?

'사업'을 떠올리면 일반 사람들은 거창한 시스템을 만드는 것이라고 생각한다. 그렇기 때문에 나만의 사업을 꿈꾼다 해도 그 계획이 어느 정도 갖춰지지 않은 상태라면 본업을 포기하고 사업 시장에 불쑥 들어오는 것은 어려울 것이다. 하지만 이제 반대로 생각해 보는 것은 어떨까? 직장에 다니며 고정적인 소득을 창출하는 사람들도 자신이 생각하는 아이템을 가지고 사업을 한다면 충분히 벌 수 있다고 믿는 것이다. 실천해야 큰돈을 벌 수 있다.

매출을 내기 전까지의 과정이 스스로 탐탁지 않을 것이다. 남들이 인정해 주지 않는 부분들이 있고, 제3자의 시선을 생각해 굳이 이렇게까지 해야 하나 싶은 박탈감이 들 수 있기 때문이다. 하지만 정말 부자가 되고 싶다면 이러한 자존심들은 모조리 내려놓아야 한다. 시야를 넓혀 주위를 둘러본다면 생각이 달라질 것이다. 전 세계에는 다양한 방법으로 많은 부를 창출해 내는 사람들이 정말로 많다. 그들과 비교해 '과연 내가 할 수 있을까?'라는 마음으로 시도조차 해 보지 않은 채 쓸데 없는 걱정은 하지 않았으면 한다.

돈을 벌 수 있는 방법은 당신이 생각하는 것보다 훨씬 무궁 무진하다. 우선 내 유튜브 채널에 출연한 사업가들만 봐도 그렇다. 나이와 성별 상관없이 다양한 방법과 아이템들을 이용해 많은 수익을 낸다. 오프라인으로만 돈을 벌어야 진짜 돈을 번다고 생각하는 사람들이 있지만 그것도 편견이다. 온라인으로도 충분히 가능하다. 온라인 사업은 지속성과 연속성이 없다고 생각해 포기하거나 스쳐 지나간 순간들이 없었는지 생각해 보자. 분명히 한 번쯤은 있었을 것이다. 정말로 돈을 벌고 싶다는 생각이 든다면 어느 방면에서나 가능성을 열어두어야 한다. 지속성이 걱정되는가? 그렇다면 당신이 노력하면 된다. 특별한 아이템으로 시스템을 구축한다면 지속성은 자연스럽게 따라오는 부분이다.

벌고자 하면 당신도 충분히 벌 수 있다. "저는 사업 감각이 없어요. 제가 사업하면 망할 거예요"처럼 자신감 없는 생각 자체를 버려야 한다. 우리는 평범하게 공부하고 학교를 다니며 직장을 가지고 가정을 꾸렸을 것이다. 이러한 길을 누군가가 강요하거나 말해주지 않았는데도 마치 인생의 순리이고 정답인 것 마냥 무심코 걸어왔다. 여기서 스스로 경로를 살짝 틀어 보는 것은 어떠한가? 경로를 바꾸는 것은 방향만 트는 것이지 전혀 어렵거나 잘못된 방향이 아니다. 물론 방향성을 트는 것 자체로도 부담감을 느끼고 힘들 수 있다. 다시 한번 말하지만, 당신이 벌고자 한다면 충분히 벌 수 있을 것이고, 그 방법 또 한 무궁무진하다.

방향성을 찾기가 힘들다면 우리 주변에서 쉽게 접할 수 있 는 것들을 살펴보자. 아마도 유튜브나 SNS일 것이다. 그렇다 면 유튜브에 '돈 버는 방법'을 검색해 보자(실제로 이러한 방법 으로 내 컨설팅이나 내가 운영하는 회사에서 진행하는 교육 과정을 이수하러 오는 사람들이 대다수다. 전혀 이상한 방법이 아니다). 그 리고 그 유튜브에 검색된 수많은 영상을 보자. 거기엔 스스로 재능기부를 하는 젊은 사업가들이나 연차가 쌓인 사업가들이 많다. 그 사람의 영상을 보되, 사업 아이템을 보는 것도 좋지만 어떻게 돈을 벌었는지를 우선적으로 집중해 보는 것을 추천한 다. 그리고 그들이 어떠한 노력을 했는지도 함께 보았으면 좋 겠다. 수많은 사연과 수많은 다양한 환경에서 어떻게 돈을 벌 었는지를 살펴본다면 충분한 동기부여와 희망을 얻을 것이다.

돈을 벌고 싶은가? 실제로 돈을 벌어본 사람들의 경험담 과 돈을 벌 수 있었던 과정들을 들어보라. 이 책을 읽는 당신도 충분히 해낼 수 있다. 단지 지금은 하고자 하는 의지가 없을 뿐이다. 의지만 생긴다면 당신도 충분히 부자가 될 수 있다.

지속 가능한
사업을 만드는 법

매년 연말이 다가오면 다음 연도의 경제 상황 이야기로 뉴스나 매체들이 떠들썩하다. 나도 2022년을 마무리하며 '급격한 금리 인상으로 인해 심각한 경제 상황이 체감될 정도'라는 뉴스에 준비를 단단히 해야겠다는 생각으로 연말을 보냈다. 이러한 경제 상황이 지속된다면 분명 여러분이 진행하는 사업에도 큰 영향을 미치게 될 것이다. 그렇다면 그러한 상황을 이겨 낼 수 있는 여러 가지 대비책들을 마련해 두어야 할 텐데, 과연 어떻게 준비를 해야 하는 것일까?

평소 나는 "지속 가능한 사업은 없다"라고 꾸준히 이야기해왔다. 하지만 거기에는 한 가지 전제 조건이 있다. 바로 '한 가지 사업만 계속한다면'이다. 꾸준하게 내 사업을 운영하고 싶다면 한 가지 사업만 밀어붙이지 말고 지속성과 성장 가능성, 상황 이 3가지를 교집합 해봐야 한다. 여기서 말하는 성장 가능성이란, 나 스스로 이 일을 꾸준히 함으로써 계속 성장이 가능한 일인지 확인하는 것과 해당 사업 시장이 계속 커질 수 있는지에 대한 고민이다. 지속 가능성은 투자를 해도 되는 시기인지, 아니면 원래 했던 사업들을 진행하며 투자 시기를 기다릴 것인지 고민하는 것이다.

내가 초등학교 2학년이던 시절, 학교에서 학생과 학부모님을 대상으로 장래희망 조사를 실시한 적이 있다. 당시 수많은 직업이 나왔었는데, 지금은 놀랍게도 그중 90% 이상의 직업들이 사라진 상태다. 아마 앞으로도 우리가 알고 있던 직업들(사람이 움직이는 직업들)은 점차 줄어들 것이다. 그렇다면 우리가 진행하는 온라인 비즈니스는 얼마나 오랫동안 살아남을 수 있을까?

내 생각에 온라인 비즈니스는 지속적으로 살아남을 것 같다. 온라인 사업은 한 가지만 존재하는 것이 아닌, 관계된 다양한 비즈니스들이 존재한다. 한 가지 사업만 오래 진행하기 힘든 시장에서는 다양한 비즈니스들이 많은 쪽이 더 유리하다. 온라인이라는 큰 범주를 선택했으면 그 안에서도 여러 가지 사업을 해야 한다. 전 세계 사람 중 얼마나 많은 사람이 코로나라는 질병 유행이 이렇게나 오래갈 줄 알았을까? 과연 누가 러시아와 우크라이나가 전쟁을 벌일 줄 예상이나 했을까? 지속 가능성과 성장 가능성은 환경과 결부되어 있기 때문에 비즈니스를 계속할 생각이라면 사업에만 집중하는 것이 아닌 대외 환경에도 민감하게 반응해야 한다. 그러려면 시중에 이용할 수 있는 다양한 매체들을 활용해야 할 것이다. 접근이 쉬운 유튜브를 시청하거나 관련된 서적을 읽는 것도 좋고, 신문과 뉴스를 꾸준하게 접해야 한다. 사업하는 사람들이라면 어떤 분야든 상관 없이 세상이 어떻게 돌아가는지 아는 게 굉장히 중요하다. 내가 해야 할 일과 진행될 일들이 현재 시장의 흐름과 어긋나는 것인지 아니면 잘 진행될 수 있을지에 대한 확인을 빠르게 해나가야 하기 때문이다.

그다음으로 중요한 것은 후배 양성이다. 사업도 결국 사람과 사람이 하는 일이다. 그렇기 때문에 후배 양성과 멘토 멘티 역할 관계를 꾸준히 만들어 나가야 한다. 결국 나를 제외한 누군가도 이 사업을 진행해야만 결국엔 시장이 계속해서 살아남을 수 있다. 내가 아닌 다른 사람들은 어떠한 방식으로 수익을 창출하며 어떤 일을 추진하는지 계속 관찰해야 한다. 하지만 막역한 사이가 아니라면 알기가 쉽지 않다. 그렇기 때문에 나는 항상 멘토 멘티의 관계성을 중요시한다. 좋은 멘토와 좋은 멘티란 결국엔 서로 상부상조할 수 있는 관계이다. 이미 성장하고 있는 사업가라면 경험과 노하우가 많은 멘토를 찾아야 하고, 서로의 네트워크를 통해서 현재 일어나는 일들을 파악할 수 있어야 한다.

내가 잘나가고 있다고 해서 아래만 보고 있지 말고 위를 봐야 한다. 나보다 더 잘하고 있는 사람들을 보며 항상 긴장하고 자극을 받으면서 더 큰 꿈을 꾸도록 하자. 사업의 지속 가능 여부는 결국 내가 어떻게 하는가에 따라 달려있다. 항상 배우려는 자세와 받아들이는 자세를 갖도록 하자.

이 글을 읽는 당신은 성공이라는 낙원을 꿈꿀 것이다. 당신의 낙원에는 넘쳐나는 돈이 있는가, 시간적인 여유가 있는가, 사람들이 우러러보는 명예가 있는가? 나는 사업에 성공했다고 해서 낙원이 찾아오지는 않는다고 생각한다. 사업에 성공했다면 말 그대로 사업에 성공해 전보다 시간적, 경제적 여유를 가지게 된 사람이 되는 것이지 엄청난 행복감이 찾아오거나 인생이 바뀔 만큼의 큰 반전은 없다고 생각한다.

하지만 최소한 이것 하나는 해결될 것이다. 사랑하는 사람을 지킬 수 있으며 가족을 지킬 수 있고, 나와 함께하는 파트너들을 지킬 수 있다. 사업을 하는 나에게 가장 큰 낙원은 바로 시간을 효율적으로 사용할 수 있다는 점이다. 사업에 성공했다고 해서 멈춰버린다면 아무것도 아니게 된다. 잔인하게 들릴지 모르겠지만, 성공해도 당신이 꿈꾸는 낙원은 없다. 사업이 성장할수록 부족한 부분을 채우는 재정비가 지속적으로 필요하다. 나도 직장 생활을 할 때는 사업하는 사람들을 보며 마냥 부럽다고만 생각했었는데, 막상 사업을 해보니 낙원만 있는 것이 아니라는 걸 깨달았다.

오해하지 말아야 할 것이, 내가 만족하는 삶을 산다면 그곳이 바로 낙원이 될 수는 있다. 그러나 사업을 하게 되면 안주하게 되지 않고 더 높은 곳으로 가고 싶은 욕망이 생기기 때문에 아마 어떠한 상황도 낙원이라 말하기 어려울 것이다. 낙원을 꿈꾸며 돈을 많이 버는 것보다는 지금 내가 사업을 진행하고 있다는 것에 감사함을 느끼고 재미를 가져야 한다. 재미를 좇고 즐거움을 좇다 보면 그 뒤에 따라오는 것이 돈이다. 그럼 그 순간순간이 낙원이 된다. 돈을 벌고 그다음 단계를 위해 목표를 설정하는 지금이 낙원인 셈이다. 일할 수 있는 것에 감사하고 즐기는 사업가가 되길 바란다.

사업은
9할이
인내이다.

사업에서의 오만은
늘 좋은 결과를 낳지 못한다.

PART . 3

실패를 뛰어넘어
부와 성공으로
가는 길

─ 실패했다는 생각이 든다면

지금 마주한 실패들은 드라마나 예능의 시즌제처럼 결국엔 나 자신이 해결해 나가고 하나의 이야기로 마무리해야 한다. 나는 이 구간이 사업의 성공에 있어서 가장 중요하다고 생각한다. 결국엔 마주하게 되는 것이고, 경험해야 하는 것을 나 스스로 해결해 나가며 부의 길을 개척하는 것.

이커머스 16년 차 사업가인 나 또한 아직도 실패의 길이 무섭다. 하지만 그 길을 뛰어넘는 방법을 이제는 알기에 도전을 멈추지 않는다. 나 또한 마주했던 그 실패에서 성공으로 넘어갈 수 있었던 방법을 당신에게 공유하고 싶다.

자신의
부족함을
기꺼이 인정하라

당연한 말이지만, 성공 여부는 전적으로 나에게
달려있다. 잘 되어도 내 탓이고, 못 되어도 내 탓이다. 앞서 말
했듯이 만일 당신이 사업가라면 성공을 맛보기 위해 반드시
순차적으로 정해진 단계를 거쳐야만 한다. 그 단계를 반드시
거쳐야 온전히 성공한 사업가로 자리를 잡을 수 있기 때문이
다. 하지만 사업이라는 것에는 변수가 많기에 때론 달콤한 성
공의 맛을 보기 전 단계에서 성장 없이 한자리에서만 멈춰 있
을 수도 있고, 사업 도중에 예상치 못한 실패를 겪을 수 있으

며 때론 막다른 길에 봉착할 수도 있다. 그러한 상태라도 하염없이 멈춰 있기만 해서는 안 된다. 스스로 빠르게 재정비한 후 다시 성공의 산으로 올라갈 채비를 해야 한다.

간혹 이러한 일들에 부딪힐 때마다 멈춰 있을 수밖에 없는 이유와 핑계를 대며 아무것도 하지 않은 채 자신을 합리화하는 사업가들이 더러 있다. "내가 사람을 잘못 만나서 그래. 직원을 잘못 채용해서 그래. 지식이 부족한 상태에서 사업을 진행해서 이렇게 된 거야" 등등 객관적인 자신의 문제점을 인지하지 못한 채 주저앉아 버리는 것이다. 다시 한번 말하지만, 성공의 마침표를 찍느냐 마느냐는 전적으로 자신에게 달려있으며 책임 또한 자신에게 있다는 것을 알아야 한다. 만일 실패를 했을 때나 혹은 사기를 당했을 때, 믿었던 누군가에게 뒤통수를 맞았을 때 내 책임이 아닌 전적으로 '그들 때문'이라는 핑계를 대기 시작한다면 우린 그 자리에서 빠져나오지 못하고 맴돌기만 할 것이다. 사람을 잘못 만났든 파트너를 잘못 만나 실패를 했든 그 행동에 핑곗거리를 찾는 자체는 사업가의 마인드가 아니다. 비즈니스에서 이뤄지는 모든 판단은 나의 선택이라는 것을 항상 기억해야만 한다.

나는 처음 해외 구매대행을 시작했을 당시 8,800만 원이라는 큰 매출을 달성했었다. 그런데 8,800만 원이라는 큰 매출이 났음에도 불구하고 꾸준히 회사는 역마진 상태였다. 아마 이 글을 읽는 해외 구매대행 사업가들은 "어떻게 했기에 역마진이 날까?" 생각할 것이다. 이유는 간단했다. 잘못된 배대지(배송대행지) 선정 때문이었다.

사업 초보였던 나는 배대지를 선택하는 기준과 지식이 없었던 상황이라 이용 요금을 터무니없이 지불하고 있었고, 내가 알고 있었던 배대지 요율보다 추가되는 비용이 많이 붙어 있었다는 것을 매출이 일어나고 한 달이나 지난 후에 알게 되었다. 누구의 잘못일까? 배대지의 잘못일까? 만일 그때의 내가 잘못을 인정하지 않고 마냥 배대지의 잘못이라고만 생각했다면 누군가의 잘잘못을 가리기 위해 엄청난 시간과 비용을 투자했을 것이다. 그렇게 감정적인 부분만 앞세워 허송세월 시간만 날렸다면 지금의 회사와 성공한 나는 있을 수 없었을 것이다.

당시 나는 그 일을 한 방에 정리하고 마이너스를 안은 채 사업을 재진행을 했다. 가슴 아픈 경험을 계기로 배대지를 선정하는 기준을 특히나 꼼꼼히 따지게 되었으며 숨어 있는 비용이 있는 것까지 모두 확인을 한 후 진행하는 습관을 들이게 되었다. 남 핑계를 대지 않고 나의 잘못을 확실하게 인지한 후 진행을 하니 한 단계 더 성장한 사업가가 되었다. 누군가에게 돈 주고도 배우지 못할 경험이었다. 스스로가 나의 잘못을 인정하고 받아들임으로써 깨닫게 된 부분이다.

실패에서뿐만 아니라 성공에서도 마찬가지다. 확실한 마무리를 나 스스로 지어야만 눈에 보이는 발전과 성장이 있다는 것을 알아야 한다. 사업에서 평계는 절대 금물이다. 오롯이 나 혼자 내 사업을 책임지는 그 순간이 성공하는 사업가로 한 발짝 다가가는 것임을 명심하도록 하자.

적자생존,
기록하는 자가
이긴다

나는 주로 자기계발 혹은 경제경영 도서를 위주로 독서를 꽤 오래해 온 편이다. 바쁜 스케줄 중 잠깐의 시간이 남았을 때는 무조건 책을 펼치는데, 그 짧은 시간을 활용해 독서로부터 얻는 지식이 사업을 하는 나에게는 큰 아이디어가 되고 원동력이 된다. 독서를 꽤 오래하다 보니 꼼꼼하게 읽는 것과 소위 말해 대충 읽는 것에는 큰 차이점이 없다는 것을 깨닫게 되었다. 우리가 책 속에서 기억하는 내용은 주로 자신에게 크게 임팩트를 주는 부분들이다. 나는 그런 영감을 주는 부분들을 간과하지 않고 대부분 노트에 기록하는데, 시간이 축적되다 보니 여러 권의 공책으로 남게 되었다.

'기록은 기억을 지배한다'라는 말이 있다. 나는 그 말을 듣고 메모하는 습관을 들여 내 사업에 적용하고 있다. 만약 나를 알고 온꿈사 카페를 안다면 나의 대표 콘텐츠인 '사업 일기'를 알 것이다. 사업 일기는 사업하는 사람들에게 반드시 필요한 습관이라고 생각한다. 사업을 하는 와중에 '내가 어떠한 점을 잘하고 있는지, 내가 지금 어떠한 부분이 부족한지'에 대해 스스로가 확인할 수 있기 때문이다. 남들의 충고와 피드백도 중요하지만 때로는 나 자신을 돌아보며 스스로 컨트롤해 나갈 수 있는 능력도 반드시 필요하다.

나는 꽤 꼼꼼하게 기록을 하는 편이다. 단순 내용만 적는 것이 아니라 그 문장을 읽었을 때의 느낌과 떠오르는 생각들까지 함께 작성하곤 한다. 그렇게 적은 노트들은 내가 사업을 진행하는 데에 예상외로 큰 도움이 된다. 그렇다고 무조건 수기로만 기록하지는 않는다. 요즘엔 메신저 기능 중 나에게 보내기 기능이 있는데, 나는 그 기능을 요즘 잘 활용하고 있다. 책뿐만 아니라 여러 사업가를 만나 얻는 인사이트를 모두 메모해둔다. 이 또한 꾸준히 내 것으로 만든다면 또 다른 아이템을 발굴하고 또 하나의 파이프라인을 만들 수 있는 큰 기회가 될 것임을 안다.

사실 나는 사업을 시작하기 전 직장인 시절부터 노트에 기록하는 습관이 있었다. 아쉽게도 몇 차례의 이사와 분실로 그 공책들이 많이 사라졌지만, 어렸을 때부터 들였던 메모의 버릇들이 나에게는 아직까지 좋은 습관으로 남아있다. 초보 셀러들에게 반드시 추천하는 습관 중에 하나다. 때론 귀찮고 번거롭더라도 그 메모가 언젠가는 부자가 되는 길의 지도가 될 것이다. 사업을 하는 사람이라면 메모하는 습관과 그 메모들을 정리하는 공간이 반드시 필요하다. 분명 그 메모들을 시간 날 때마다 본다면 번뜩이는 아이디어가 당신에게도 생길 것이다. 실패를 하더라도 내가 정리한 메모와 노트를 들여다보면 큰 위안이 되고 다시 시작할 수 있겠다는 동기부여가 된다. 특히 처음 사업을 하기로 마음먹었을 때 적었던 기록들은 또 다른 시도를 일으키는 불꽃이 될 수 있다.

노트를 마련해 무엇이든 기록하는 습관을 가지자. 훗날 그 기록이 나의 사업 아이템이 되고 내 성공 비법이 될 수 있다.

사업하는 사람들이
스스로 목표를
정하는 방법

　　나는 사업을 진행할 때나 일상생활이나 어떠한 일을 할 때 목표를 정한 다음 실행하는 편이다. 특히 사업에서는 세부적인 것까지 목표를 생각한 다음 진행하는 성향이라 초반에는 이러한 부분들이 귀찮고 번거로웠지만, 나중엔 내가 작은 결정을 해야 하는 순간이 올 때 신중하게 고민을 한 다음 결정할 수 있다는 큰 장점이 있다는 걸 알게 되었다. 목표 없이 진행하는 일은 도착지를 모르는 배 혹은 비행기가 조종사 없이 홀로 출발하는 것과 같다. 어떠한 곳을 가든 가는 길에는 연료나 방향성이 반드시 필요한데 그러한 것들을 모조리 생략하고 마냥 정처 없이 떠다니고만 있어서야 되겠는가. 말만 들어도 무섭지 않은가?

아무런 준비와 목표 없이 맨몸으로 시작하는 패기와 열정도 좋지만 뚜렷한 목적지 없이 아무것도 대비하지 못한 채로 출발한다면 결국 그 끝은 성공의 여행이 아닌, 생각지도 못했던 낭떠러지를 마주하는 결말을 맞이할 수 있다는 걸 반드시 인식해야 한다. 스스로 목표를 정하는 것은 생각하는 것보다 어려울 수 있을 것이다. 막상 어디서부터 어떻게 시도를 해야 할지 모르는 사람들이 많다. 그렇다면 이 문제를 해결할 만한 좋은 방법은 무엇일까?

사업을 처음 시도하거나 새로운 파이프라인을 만들려는 사람은 가장 먼저 해당 분야에서 가장 성공한 사람의 사례와 성공 이야기를 찾아볼 것이다. 그러면 그 사람의 성공까지의 과정과 성공의 최대 매출액 등을 확인할 수 있을 텐데, 이러한 부분들을 읽기만 하고 끝내지 말고 자신의 사업에 적용해보기를 추천한다. 예를 들어, 내가 성공한 사업가 'A'를 사업 멘토로 삼는다고 치자. 그 사람의 비즈니스 경력을 확인한 다음 내 사업에 대입해 그 사람이 성공까지 걸린 시간과 최대 매출 금액까지 모두 확인한 후 내 목표에 적용하는 것이다. 그렇게 머니 파이프라인을 한두 가지 지속적으로 깨뜨려 가는 구체적인 방법을 세우는 것도 좋은 방법이다. 내 스스로가 목표를 세워야만 결국엔 더 높은 사업 성공의 장벽을 뚫을 수 있다. 그것을 반복한다면 더 높은 목표를 세우기도 쉬워진다. 모든 게 그렇듯 처음에만 어렵다고 느껴질 뿐이지 그 후로는 적응이 되어 전혀 어렵지 않다.

어느 정도 높이 올라간 후에는 처음 사업을 진행했을 때 잡았던 목표를 다시 돌아보자. 분명 느껴지는 감회가 새로울 것이다. 마냥 어렵게만 느껴지고 자신이 해낼 수 있을까 하는 의구심만 가득하던 그때와는 다르게 다양한 머니 파이프라인도 뚫을 수 있을 거라는 자신감이 붙어 더 성장한 사업가로 자리 잡을 수 있다. 나만의 계단을 만들어 하나하나 밟아 올라가는 성취욕에 재미를 느껴야 한다. 마냥 어렵게만 생각하지 말고 나 자신의 한계를 뚫는 것이다. 그렇게 되려면 나 스스로 목표를 세우는 것이 가장 베스트다. 하지만 처음부터 그렇게 한다는 것은 큰 부담이 될 수 있으니 내가 추천한 방법을 적용해 보라. 큰 도움이 될 것이다.

내가 가고자 하는 길을 망설임 없이 걸어 나가려면 반드시 목표를 잡아보자. 비록 지금 당장은 휘청거리는 배일지라도 나의 확고한 방향만 있다면 거뜬히 이겨 내어 성공이란 목표에 닿을 수 있을 것이다.

나는 매년 연말이 다가오면 다음 연도의 사업 계획을 꼼꼼하게 준비하는 편이다. 새해가 가까워질 때쯤 어느 정도 다음 연도 사업 계획의 틀이 마무리되는데, 해당 사업 계획들을 회사 각 부서 담당자들과 함께 실행 가능성을 의논하며 사업 방향성을 만들어 낸다. 우선 2022년 경제 상황은 미국 기준금리 인상으로 인해 국내에서도 금리가 많이 올라가는 영향을 보였다. 그 여파로 인해 자산시장과 주식시장이 하락했고 대기업들도 마찬가지로 허리띠를 졸라매는 사태까지 발생했다. 위드 코로나를 선언한 이후 아직까지도 일상생활에서는 코로나와 싸우고 있는 상황이기도 하다. 수많은 기업의 감원 열풍과 더불어 2023년에도 신규 일자리 전망이 밝지 않을 것 같다. 그뿐만이 아니라 엎친 데 겹친 격으로 2023년에는 주휴수당 폐지로 인해 알바 자리 또한 녹록지 않게 될 전망이기도 하다. 2023년에는 우리 앞에 과연 어떤 상황이 펼쳐질까?

첫 번째로 금리 인상이 실물 반영되는 것은 시기가 조금 늦게 나타나므로 그 풍파가 일반 시민들의 입장에서는 크게 느껴질 것이다. 그렇게 된다면 가계 부담이 엄청날 것인데, 그 가계 부담은 고스란히 가처분소득에 영향을 미칠 것이므로 우리의 주고객의 주머니 사정도 넉넉지 않게 될 것이다. 이렇게 흘러간다면 2023년에는 분명 폐업하는 이커머스 사업자들이 많아질 것이라고 예상한다. 그렇기 때문에 어떠한 상황이 와도 흔들리지 않고 꾸준히 버티는 사업자들만 결국엔 살아남을 수 있는 한 해가 될 것이다.

두 번째는 금리 인상으로 인한 소규모 회사들의 신규 투자가 불투명해질 것이다. 이 부분은 내가 운영하는 사업체도 마찬가지다. 조직을 슬림화하기 위해 과감히 불필요한 사업부는 정리하는 한 해가 될 예정이다. 나는 수익률이 높은 비즈니스를 집중해 더 키우는 것을 목표로 하려 한다. 그렇다고 해서 신규 투자를 하지 않을 것은 아니다. 꾸준한 투자를 위해 헤지를 걸어 레버리지를 많이 활용할 예정이다. 무한한 사업 아이디어를 떠올리는 것이 계속해서 가능한 이유는 스스로 내가 모든 것을 다 잘할 수 없다는 생각을 하는 동시에 규모의 경제에서 속도의 경제로 변하고 있다는 점을 반영해 사업에서 실현하기 위해서이다.

나 혼자서 하나의 사업을 준비하는 데 엄청난 시간과 비용이 요구될 것이지만, 나와 뜻이 맞는 동업자들과 합작으로 만든다면 여러 가지 비즈니스를 복합적으로 할 수 있는 좋은 기회를 만들 수 있을 것이다. 물론 혼자서 끌고 가는 것도 좋다. 하지만 동업자들과 또 다양한 분야의 사람들과 함께한다면 무궁무진한 사업을 만드는 경험을 할 수 있게 될 것이다.

사업하는 사람들의
좋은 습관,
나쁜 습관

16년 차 이커머스 사업가인 내가 보았을 때 사업과 고시 공부는 결이 비슷하다고 생각한다. 고시를 한 번만에 패스하는 사람은 드물다. 한 번만에 합격하는 사람들도 더러 있지만 거의 대부분의 사람은 몇 번의 실패를 거듭하고 합격의 기쁨을 얻는다. 오히려 과정에서 낙담하고 포기하는 사람들이 더 많다. 꾸준한 인내심을 가지고 스스로 계획을 짜 공부를 해야 하며 과목도 여러 가지라 한 과목만 집중적으로 공부한다고 해서 합격할 수도 없다.

사업도 한 분야에서 매출이 나왔다고 해서 그 한 가지만 붙잡고 있어서는 안 된다. 계속해서 파고들어 비즈니스의 길을 넓혀가는 것이 일반적인 사업가들이 진행하는 공통적인 방법이다. 이커머스 사업을 예로 들어, 처음에는 중국 구매대행 사업 방법으로만 수익을 내다가 점차 시간이 지날수록 사업을 보는 눈이 넓어지면 구매대행으로 끝나는 것이 아니라 나만의 브랜딩을 해서 결국 내 상품을 제작하고 판매하는 방법으로 확장해 나가는 것이 보편적이다. 어떤가? 사업과 고시 공부가 비슷하다는 생각이 들지 않는가? 나는 이러한 공통점들을 보았을 때 이커머스 사업 진행 방법과 결이 닮아있다고 생각했다.

내가 현재 하고 있는 사업에서 좋은 습관을 얹는다면 시너지는 2배로 커지게 될 것이다. 내가 말하는 좋은 습관이란, 꾸준히 넓고 깊게 공부하는 것을 말한다. 요즘에는 마케팅 업체에 내 홍보를 맡기는 것보다 스스로 마케팅을 할 수 있는 방법이 다양하게 늘어나는 추세다. 병행수입을 예로 들어, 스스로가 SNS를 활용할 수 있다면 SNS만으로도 충분히 내 상품에 관한 홍보를 할 수 있는데, 나는 이 방법을 이용해 회사의 상품들을 홍보하고 있다. 종종 내게 왜 그렇게까지 하냐고 물어보는 사람들이 더러 있다. 그럴 때마다 나는 당장 홍보 소득이 없다 하더라도 다양한 것을 꾸준히 시도해봐야 한다고 답한다.

나는 사업이든 뭐든 깊게 파기 위해 넓게 파는 스타일이다. 대부분의 사람은 쉬운 방법으로 깊게 파기 위해 최대한 좁은 간격으로 땅을 팔 것이다. 하지만 좁은 간격으로 열심히 파다 보면 일직선으로 파지는 것이 아니라 조금씩 홈이 줄어들면서 원래 원했던 결과보다 작은 것들만 남게 되어 그 부분만 파내게 된다. 최대한 넓게 파면 깊게 팔 수 있게 되고 내가 원하던 결과대로 파낼 수 있다. 나는 무엇이든 깊게 파는 습관이 사업가에겐 좋은 습관이라고 생각한다. 현재에 안주하지 않고 계속해서 공부를 하며 파이프라인을 늘리려고 하는 습관들이 진정으로 사업가들이 가져야 하는 습관이다.

역으로 나쁜 습관은 무엇일까? 내가 희망하는 목표를 이루고 난 후 그다음 목표를 바로 잡지 않는 것이다. 만일 첫 목표만 잡고 그다음 목표를 잡지 않는다면 떨어질 일만 남는다. 목표를 이루게 된 시점이 바로 다음 목표를 잡기 가장 좋은 타이밍이다. 스스로 사업 성장 가능성을 알게 되며 더 큰 꿈을 꿀 수 있게 되는 기회이기도 하다. 그 좋은 타이밍에 자만하게 되어 놓쳐버린다면 나 자신이 더 성장할 기회를 날려버리는 것이나 마찬가지다.

두 번째 나쁜 습관은 사장병에 걸리는 것이다. 사업이라는 것은 한번 성공하게 되면 짧은 기간 안에 엄청난 돈이 들어오는 경험을 하게 된다. 처음 200~300만 원 정도의 월급만 받고 일하던 나 자신이 이렇게 갑작스럽게 돈을 벌면 근거 없는 자신감이 생기게 된다. 그 근거 없는 자신감이 성공할 수 있는 내 앞길을 모두 망치게 될 확률이 높다. 앞서 말한 것과 같이 갑작스럽게 내 사업이 성공하게 된다면 반대로 갑작스럽게 망할 확률도 높다는 것을 잊지 말아야 한다. 한 번의 성공으로 발판을 만든 후 꾸준하게 사업 성장을 위해 새로운 파이프라인에 관련된 공부를 해야 롱런할 수 있다. 이러한 나쁜 습관들을 지우기 위해 언제나 겸손한 마음을 가져야 하며 독서를 꾸준히 해야 한다. 잊지 말자, 항상 나보다 뛰어난 사람들은 존재한다는 것을.

좋은 습관을 기르기 위해서는 어떻게 해야 할까? 돈을 벌고 싶은 욕심도 물론 필요하지만, 결국 지적인 호기심을 비즈니스와 결합해야 한다. 많은 사람이 어떻게 돈을 벌어야 할지 궁금해한다. 어떻게 돈을 벌까? 어떤 생각으로 저런 인프라를 만들었을까? 등등 성공을 원한다면 계속된 연구가 있어야 할 것이다. 당연한 이야기이지만 연구를 하지 않으면 절대로 발전이 있을 수 없다. 혼자서만 일하며 머리를 싸매는 것이 아닌 다양한 사업가들을 만나보기를 추천한다. 더 많은 모임을 가져서 나와 같은 사업을 하는 사람들은 어떤 생각으로 어떻게 돈을 버는지 알아야 하며 동종업계 종사자들을 만나서 아이디어를 공유해야만 더 성장할 수 있다.

분명 어느 정도 사업 경력이 있는 사람들이라면 여기까지 사업을 끌고 온 것에 대한 큰 자부심이 있을 것이다. 대단한 일이고 엄청난 노력이 있었다는 것을 인정한다. 하지만 위를 올려다보면 내가 넘고 올라가야 할 길들이 수도 없이 펼쳐져 있다는 것을 알게 될 것이므로 겸손함을 절대 잊지 말아야 한다. 사업하는 사람들이 쉽게 매몰되는 부분이 있는데, 바로 내 일이 잘된다고 해서 주변을 돌아보지 않는 것이다. 지금 당장 이 사업이 잘된다고 해서 평생 밥벌이가 되어주지 않는다는 것을 잊지 말자. 주변을 많이 돌아보고 새로운 것들을 받아들여야 한다.

항상 내가 보는 것만 보게 되면 그러한 것들이 엄청난 착시 효과를 일으킬 것이다. 내 사업이 충분히 잘 운영되고 있다는 생각에 사로잡히게 된다면 더 성장할 수 있는 기회를 잡지 못하고 놓쳐버리게 된다. 그래서 늘 초심을 잃지 말고 정진하자. 그렇게 된다면 꼼꼼하게 내 회사를 운영하게 될 것이고 그렇게 회사의 숫자들을 관리하다 보면 추가적인 기회를 잡을 수 있게 되며 놓치고 있던 부분을 빠르게 캐치할 수 있다. 부자를 꿈꾸는 당신이 꼭 이러한 마음가짐을 습관화했으면 한다.

잊지 말자, 결국 나 혼자서 만들어 내야 하는 성공이다. 좋은 습관과 나쁜 습관도 결국 남이 도와주는 것이 아닌 나 스스로 컨트롤해야 하는 것이다.

실패를
훗날의 무용담으로
만들어라

매체에 알려진 내 모습을 제3자가 본다면, 많은 파이프라인을 가졌으며 안정적인 회사를 운영하는 대표로서 크게 성공한 사업가처럼 보일 것이다. 하지만 사업하는 다른 사람들과 마찬가지로 나 또한 성공하기 전까지 꽤 긴 시간 동안 엄청난 시행착오들을 겪으며 수많은 실패의 맛을 보았다. 물론 지금도 처음 시작했던 그때와 마찬가지다. 꾸준하게 다양한 사업을 진행하다 보니 큰 성공이 있는 반면 또 한구석에서는 작은 실패의 쓸쓸함도 맛보고 있다. 16년 차 사업가 선배로서 사업을 꿈꾸는 당신에게 전하고 싶은 말이 있다면, 무조건 내 사업이 승승장구할 것이라는 생각은 버려야 한다는 것이다. 성공만 반복되는 사업은 절대 없다. 성공을 꿈꾼다면 반드시 망하면서 배우는 부분과 과정들이 필요하다.

나는 회사를 운영하면서 직원들 관리에 특별히 신경을 많이 쓰는 편이다. 그 이유는 10여 년 넘게 성향이 다양한 수백 명의 직원을 만나며 시행착오를 많이 겪었기 때문이다. 가끔 직원 관리 문제로 후배 사업가들이 상담을 해오는데, 어떠한 방법을 찾는 것도 좋지만 사업을 오래하고 싶다면 직원과 문제가 생겼을 때 좋지 않은 결과가 나오더라도 스스로 해결 방안을 찾아보는 것이 가장 좋다고 조언한다.

현재 내 회사의 직원은 20명이 넘지 않는다. 하지만 이제껏 사업을 진행해 오면서 내가 만나온 직원들의 수는 오버를 조금 보태서 수백 명이 될 것이다. 기간이 오래된 만큼 많은 사람들과 함께 사업을 진행해 오면서 크든 작든 다양한 사건 사고들이 많았다. 여러 사람이 모이면 좋은 점이 있듯, 나쁜 점도 당연히 있다. 수많은 실패와 배신 등 다양한 경험들을 하다 보니 지금은 직원들의 표정이나 말투만 봐도 무슨 생각을 하는지 알 수 있는 경지까지 올랐다. 남들이 알려주는 것이 아닌, 스스로 부딪치면서 나만의 노하우가 쌓인 것이다. 아직까지도 나는 사업적인 문제보다 사람 문제가 더 어렵다고 생각한다. 하지만 사업을 계속해 나갈 것이기에 직원과 관련해서는 비슷한 일들이 반복해 생길 거라고 본다. 모든 경험은 결국 노하우가 될 것임을 알기에 문제점을 불편하게만 생각하기보다 거쳐야 할 하나의 과정으로 인식하게 되었다.

그리고 처음부터 크게 사업을 진행하려 하기보다는 작게 시작하는 것을 추천한다. 작은 사업을 키워 나가는 재미와 더불어 혼자서 여러 일들을 처리하며 그 과정 속에서 배울 수 있는 것들이 무궁무진하게 많을 것이다. 실패의 경험도 뒤따를 것이다. 성공한 사업가로 롱런하고 싶다면 무수한 과정이 필요하다. 아무리 타고난 사업가 기질을 가진 사람일지라도 처음부터 성공이 정해진 사람은 없다.

나를 처음 본 사람들은 가끔 "투트랙님은 어떻게 이렇게 많은 온라인 비즈니스를 할 수 있게 되었나요?"라고 묻곤 한다. 여기에 내 답은 "꾸준히 하다 보니까 여기까지 왔습니다"로 항상 똑같다. '꾸준히'라는 말 속에는 수많은 성공과 수많은 실패의 의미가 함축되어 있는데, 사람들은 내 결과만 볼 수 있으니 마치 내가 타고난 사업가라고 생각하는 것이다. 하지만 실제로는 절대 그렇지 않다. 긴 기간 동안 겪은 수많은 실패, 수많은 손해를 통해 얻은 쓰라림이 내 사업 성공에 보탬이 되었다.

우리 인생도 이와 다를 바 없다고 생각한다. 실패와 좌절을 통해 많은 깨달음을 얻게 되고 부족함을 스스로 느끼고 발전할 수 있는 계기를 마련하게 되는 것처럼 말이다. 결국 성공도, 사업도, 인생도 다 똑같다. 나는 이 글을 읽고 있는 당신이 실패를 두려워하지 않았으면 좋겠다.

실패를 마주했을 때 마냥 주저앉는다면 그것은 진짜 실패로 끝이 날 수 있겠지만, 실패를 했음에도 아랑곳하지 않고 계속 전진한다면 그 실패는 언젠가 당신의 무용담이 될 것이다.

실패의 중요성
그리고 성공을 위한
작은 불씨

　　진정으로 롱런하는 사업 운영을 꿈꾸며 성공을 목표로 삼았다면 실패는 반드시 필요한 경험 중 하나라고 생각한다. 내가 말하는 실패는 내가 감내할 수 있는 선에서 겪는 실패를 말한다. 감내할 수 있는 선에서 실패를 하게 된다면 어느 정도 리스크를 안더라도 실패에서 배우는 경험들을 토대로 충분히 다시 일어설 수 있게 된다. 하지만 실패를 한 후에 나 자신을 뒤돌아보지 않고 실패했던 이유와 과정을 체크하지 않은 채 무작정 사업을 재진행하거나 작은 실패가 아닌 큰 실패를 맞게 된다면 재진행도 어려운 상태가 될 것이다. 실패를 한 후 재시작을 원한다면 반드시 작은 실패에서 겪은 그 경험을 토대로 얻어지는 결과가 있어야 한다.

사업에서 '그냥 한번 해볼까?'라는 마음은 절대 금물이다. 완벽하다 싶을 정도의 준비가 되어 있어도 예상할 수 없는 것이 사업이다. 예를 들어, 해당 시장 공부와 어느 정도의 자본금, 그리고 실패에 대비할 준비성까지 어느 정도 갖춰야 할 것이다. 실패에서 배울 수 있는 것이 무엇인지도 고민을 해봐야 하며 성공한 후 내가 얻을 수 있는 것은 무엇인지도 생각해봐야 한다. 충분히 고민해 본 후 사업을 진행해야만 실패를 겪더라도 반드시 얻는 게 있을 것이다. 고민의 과정을 거쳐 사업을 재진행해야 그전과 똑같은 제자리걸음이 아닌 내 사업의 성공을 위해 성장이 뒷받침된 다음 스텝으로 갈 수 있을 것이다.

성공할 수 있는 방법은 정해져 있을까? 사업을 고시 공부처럼 꾸준히만 한다면 언젠가는 빛을 볼 거라고 생각하는 사람들이 많다. 앞서 비슷한 주제로 글을 적었듯이, 사업을 포함한 다른 일들도 꾸준히 하고 관련된 공부를 한다면 빛을 볼 수 있는 것은 마찬가지라고 생각한다. 라이터나 가스가 없던 시절, 사람들은 나뭇가지와 나무를 마찰시켜서 불씨를 만들었다. 그 불을 마른 풀에 붙이는 방식으로 불을 살렸는데, 나는 이 방법이 성공을 만드는 과정과 비슷하다고 생각한다. 세상에는 성공과 관련된 수많은 서적과 강의들이 널려있다. 하지만 그것이 나의 정답지가 되지는 못한다. 참고서일 뿐이다. 진정으로 성공을 거두고 싶다면 유명한 도서들을 참고하되 나만의 방식을 덧붙여야 한다.

몇몇의 사람들은 오랫동안 사업을 진행했는데도 불구하고 자신만의 방식을 찾지 못했다고 말한다. 눈에 보이는 당장의 결과보다는 내가 걷고 있는 그 길만 흔들림 없이 꿋꿋이 걷는다면 언젠간 당신에게도 성공의 불이 붙어 큰 불길이 솟아오를 거라는 점을 믿고 가야 한다. 내가 성공할 수 있었던 방법 중 하나는 절대적으로 열심히 하는 것을 넘어서 임팩트 있게 단기간 내에 이루고자 하는 목표를 중점으로 몰아붙였다는 것이다. 예를 들어, 일정 기간을 두고 목표 주변까지라도 가 보는 것이다. 그 목표 주변은 내 사업이 현 상태에서 다음 스텝으로 가기 위한 일정 수준일 것이다. 이 과정을 걷기 위해 나는 사업을 제외한 그 어떠한 것들에도 눈길을 주지 않았고 심리적, 시간적 여유를 갖지 않았다. 그 정도의 집중력과 절실함은 기본적으로 필요하다. 그렇게 주변에 가 본 후 성공에 더 가까워지기 위해 다양한 머니 파이프라인과 다른 투자 사업을 공부했다. 열정적인 에너지도 반드시 필요하다.

사업을 진행할 때 중요한 것은 현재 내 상황을 충분히 인지하는 것이다. 처음 사업을 하는 사람은 본인의 객관적인 상황을 인지하지 못한 채 무작정 진행하는 경우가 많다. 무엇을 먼저 해야 하는지, 상황에 맞추어 어떻게 진행해야 할지 충분한 사전 준비 없이 무작정 시작해버린다면 실패할 확률이 높다. 아무것도 모른 채 시작하면 원하는 목표와 성공에 도달하지 못했을 때, '문제점'이나 '실패한 이유'를 놓쳐버리게 되고 전혀 상관없는 핑곗거리들만 만들어질 확률이 높다. '자본금이 부족해서, 비싼 컨설팅을 듣지 못해서, 전업이 아닌 부업이라서' 등 정작 실패에서 얻을 수 있는 배움은 전혀 알아내지 못하고 결국 아무것도 남기지 못한 채로 정리하게 된다.

출발점은 같지만 세부적으로 본다면 모두가 다 같은 상황일 수는 없다. 특히나 본인들만의 사업 무기로 경쟁하는 사업 시장에서는 의미 없는 핑계를 대기 시작하거나 수동적으로 일을 진행하면 또다시 같은 이유로 실패를 반복하게 되는 쓴맛을 경험하게 된다. 내가 말하고자 하는 '능동'은 내 상황을 먼저 똑바로 인지해서 그 상황에서 할 수 있는 것들을 찾아보고 무엇이든지 실현해 나가야 한다는 것이다. 내 교육을 들은 수천 명의 수강생 케이스를 봐왔을 때 그들 중에서도 성공한 사람들은 결코 수동적인 태도를 가지지 않았다. 무언가를 배우는 부분에서도 그렇고 본인들이 생각했을 때 부족한 부분이 보인다면 스스로 자처해 스터디 혹은 모임을 만들어 여러 업계 사람들과 교류하며 지식을 나누는 커뮤니티를 만들어 냈다. 또 그들이 '다르다'고 느낀 부분은 일상 대화를 하던 와중에도 내가 스치듯 이야기한 부분들까지 놓치지 않고 진지하게 받아들여 본인의 것으로 만든다는 점이었다. 사실 나도 성격상 온라인 정보에만 의존하지 않고 다방면으로 발로 뛰는 것을 좋아한다. 내가 직접 가서 보고 듣고 몸소 체험할 수 있는 것이라면 장거리라도 거리낌 없이 갔었다. 그렇게 하다 보니 자연스레 하루하루 나의 사업적인 스킬을 키워 나갈 수 있었다.

한 가지 예를 들어보겠다. 나는 현재 수입 대행 회사인 '온꿈사 닷컴'을 운영하고 있다. 온꿈사 닷컴은 중국 구매대행 사업이 아닌 병행수입을 하는 사업자를 대상으로 수입 대행을 하는 서비스업이다. 대행을 한 번도 해 본 적이 없었던 나로서는 이 사업이 아주 매력적으로 다가왔다. 중국 구매대행 사업을 크게 해왔던 경력 덕에 시장을 볼 수 있는 눈이 어느 정도 있었던 시기여서 주저하지 않고 바로 시작해 보자는 생각으로 우선 내가 할 수 있는 것들을 작성했다.

'나는 수입을 할 줄 안다. 그리고 좋은 관세사를 알고 있다.'

하지만 나는 중국에 가 본 적도 없고 외국어를 능수능란하게 구사하는 편도 아니다. 거기다 중국 법인 사업자도, 계좌도 발급하지 못한다. 그렇다면 내가 할 수 있는 것은 무엇일까? 수입 대행 사업을 꼭 해보고 싶었던 나는 금감원과 관세청에 일일이 연락해가며 내가 당장 할 수 있는 조건들을 알아보았다. 어느 정도 사업을 진행할 수 있는 조건을 갖추자마자 나는 국내 혹은 중국에서 수입 대행을 하고 있는 업체들의 리스트들을 만들어 창업 교육이 가능한 곳을 찾았다. 물론 내 요청을 긍정적으로 받아주는 곳은 단 한 군데도 없었다. 그렇다고 내가 쉽게 포기할 사람은 아니다. 아무도 나에게 가르쳐 주지 않는다고 해서 가만히 있을 내가 아니었다. 오히려 반감이 생긴 나는 꾸준히 멈추지 않고 재차례 연락을 돌렸다. 누군가는 나의 이런 행동에 미련하고 대책 없다고 생각할 수 있을 테지만 나는 그들에게 멍청이로 남고 싶지 않았다.

다행히 꾸준한 나의 연락에 그나마 호의적으로 답장을 해주신 업체 사장님을 만나 맨몸으로 무작정 중국에 찾아가 일을 배우기 시작했다. 분명 쉽지 않았다. 하지만 뜻이 있는 곳에 길이 있다는 말처럼 나는 그때의 배움을 바탕으로 지금은 월 매출 10억대를 만드는 회사를 운영하고 있다. 내가 수동적인 성향이었다면 절대 중국에 가지도 않았을 것이다. 냉담한 답변에 상처를 입고 오히려 다른 일을 했을 수도 있다. 나는 사업을 시작한 이상, 결코 수동적인 사람이 되고 싶지 않았다. 아무것도 모르는 나는 당장 가진 것에 집중해 무엇부터 진행해야 할지 머릿속으로 정리하며 필기를 했고, 성공을 꿈꾼다면 그것을 무조건 실행에 옮겨야 한다는 것을 알았다. 능동적이었던 내 행동이 성공에 다가갈 수 있는 받침대가 된 것이다.

분명 무엇을 꿈꾸든 시작은 다 어렵게만 느껴질 것이다. 하지만 그 말도 안 되는 시도에서 내일은 한 걸음 더 성장할 것이고 그 성장에서 큰 깨달음과 배움을 얻게 될 것이다. 한 발짝 더 나아가 현실적으로 돈이 될 수 있는 것들 앞에서는 능동적으로 행동해야만 한다.

지금도 내가 해온 사업 방식은 내 성공에 보탬이 되었다고 굳게 믿고 있다. 성공을 위한 불씨를 조금이라도 얻게 된다면 무슨 수를 써서라도 키워보자. 활활 타오르는 당신의 성공에 반드시 필요한 것은 당장 내 눈앞에 있는 작은 불씨를 살리는 일이다. 성공을 위한 작은 불씨는 그냥 만들어지는 것이 아니다. 엄청난 에너지와 집중력, 절실함이 모두 모여야 만들어진다. 이거 아니면 안 된다는 생각으로 부딪치자. 그렇게 해도 성공의 불꽃이 붙을까 말까 하다.

실패의 자리에서
일어서라

사업을 하다 보면 실패를 경험하는 순간들을 맞닥뜨리게 된다. 일반 직장인들은 정해진 날에 고박꼬박 정해진 월급을 받지만, 사업가는 꾸준히 보장되는 매출도 없고 진행하는 사업이 반드시 성공할 거라는 확신도 없기 때문에 실패의 가능성이 항상 담보되어 있다. 어느 정도 연차가 쌓인 사업가라면 도중에 실패를 만난다는 게 놀라운 일도 아닐 것이다. 나는 앞서 사업에서 성공하려면 실패는 겪을 수밖에 없는 과정이라고 했는데, 그렇다고 해서 실패를 반복적으로 해도 괜찮다는 의미는 아니다. 실패 후 대처 방법이 가장 중요하며 실패를 했다면 그것을 통한 배움이 있어야 한다.

실패 후에 다시 일어서려면 반드시 장기적인 목표를 세워야 한다. 단기적인 목표만 삼는다면 또다시 실패할 확률이 높다. 사업가는 본인의 능력을 과대평가해 계획을 원대하게 잡는 경우가 많다. 세부적인 계획을 잡지 않고 마냥 큰 꿈만 가진다면 닥쳐오는 실패에 무너지기가 쉽다. 실패를 단순 결과라고만 보지 말고 목표에 도달하기 위한 여정 중 작은 과정이라고 생각을 했으면 좋겠다.

실패에서 끝내고 싶지 않다면 큰 목표를 세운 다음 작은 목표들을 하나씩 단계별로 이루어야 한다. 큰 실패보다 작은 실패에서는 다시 도전하기가 수월하기 때문이다. 내가 운영하는 이커머스 사업가들을 위한 커뮤니티에서 자주 쓰는 말이 있다. "실패를 하더라도 결국 우리가 성공에 도달할 수 있다면 그 실패는 훗날 내 무용담이 되어 있을 것이다"라는 말이다. 사실 나도 16년간 사업을 진행하며 크고 작은 실패를 겪었고, 지금도 실패를 하고 있다. 내가 가진 확고한 목표만 있다면 실패를 해도 다시 일어설 에너지가 있을 것이다. 그 에너지만 있다면 우리는 계속해서 나아갈 수 있다.

지금부터 실패를 해도 일어설 수 있는 나만의 방법을 알려주겠다. 우선은 큰 목표를 정한 다음 중간 목표를 정하고, 더 작은 목표를 정해서 계속 도전하는 것이다. 모든 일에는 단계가 있다. 특히나 작은 목표에서 실패하게 된다면 다양한 방법으로 계속해서 도전할 수 있는 기회가 될 수 있다. 그리고 반드시 성공해야만 하는 이유를 가지고 있어야 한다. 그 이유가 결국 주저앉거나 포기하지 않게 되는 큰 원동력이 될 것이다. 나는 가족과 사랑하는 사람을 지켜내야 하겠다는 마음이 가장 큰 원동력이었다. 이 외에도 저마다 돈을 벌고 싶은 다양한 이유가 있을 것이다. 자신만의 이유를 꼭 가지도록 하자.

실패의 두려움이 크다면 나는 유명 CEO들의 자서전을 읽는 것을 추천한다. 예를 들어, 스티브 잡스 혹은 빌 게이츠 등 그들이 말해주는 성공 방법은 큰 원동력이 될 수 있다. 그들이 이룬 결과나 확고한 목표와 노력을 보며 동기부여를 얻게 되고 작은 목표들을 만들어 가는 것이다. 나 역시 이러한 방법으로 큰 동기부여를 얻곤 한다.

또한 나는 실패를 겪더라도 끝이 아니라고 암시한다. 홀로 좁고 긴 터널을 달리는 중이라며 암시를 하는데, 그 좁고 긴 어두운 터널을 지나가는 것은 비록 힘들지만 결국 막힌 동굴이 아니기에 끝은 환한 빛이라는 큰 희망을 가지고 사업을 진행한다. 끝나지 않을 것 같은 고난도의 시련 끝에는 결국 답이

나오고 빛이 있다. 동트기 전이 가장 어둡다는 말처럼 절대 포
기하지 말자.

때로는
빠른 포기가
더 현명한 이유

가끔 사업에 매몰되어 일하다 보면 처음엔 확신을 가지고 진행했던 일들이 사업 중간쯤 갔을 때 내 생각에 착오가 있었다는 것을 알게 되는 순간들이 더러 있다. 나는 이러한 순간들을 '인지적 오류'라고 부른다. 대부분의 사람이 꼭 사업이 아니더라도 일상생활에서도 무엇인가를 하다가 인지적 오류를 겪는 순간들이 분명 있을 것이다. 인지적 오류의 상황을 마주하게 된다면 순간적으로 내가 투자한 비용과 시간을 떠올리게 되는데, 그 돈과 노력 그리고 시간이 아까워서 포기하지 못한다. 분명 이 글을 읽고 있는 사람 중에도 스스로 더 이상 진행하면 큰 손해가 난다는 것을 알면서도 억지로 끌고 가는 경험들을 한 번쯤 해 보았을 것이다. 그렇다면 왜 포기하지 못하고 계속해서 고집을 피우며 진행하게 되는 것일까?

나의 경우에는 주변 사람들에게 실망감을 주고 싶지 않아서 어떠한 일에도 쉽게 포기를 하지 못한다. 보통 사업에 몇 차례 성공한 사람들이 쉽게 빠지는 오류인데, 한두 번 성공하다 보면 주변에서 내 성공을 당연시 여기게 된다. 그러면 실제로는 살짝 미끄러지는 상황에도 쉽사리 누군가에게 어렵다는 말을 하기가 굉장히 힘들어지고 더욱이 실패했다는 말은 꺼내기가 곤란해진다. 이러한 이유 때문에 포기와 실패에 스스로 어색해져 버리는 것이다. 주변 사람들뿐만이 아니라 직원이나 동업자 혹은 투자자들에게 실망감을 주기가 굉장히 부담스러워진다. 하지만 그 부담감 때문에 손해를 보며 진행한다는 것이 얼마나 위험한 일인지는 반드시 알아야 한다. 오히려 진짜 사업가라면 자신의 부족함과 실수를 스스로 인정하고 재정비해 손해를 빠르게 막을 수 있어야 한다.

가장 중요한 것은 '왜 실패했는지 그 과정을 알아가는 것'이다. 그 과정까지 모두 내가 수용할 수 있어야 인지적 오류가 반복되지 않는다. 사실 한 번이 어렵지 두 번, 세 번 경험하면 실패에도 유연하게 행동하게 된다. 나는 이러한 과정들을 반드시 거쳐야 성장하는 사업가라고 생각한다. 한두 번 실패한 것들은 자존심이 상하는 일이라고 생각할 수 있다. 충분히 이해한다. 하지만 사업에서 실패를 절대로 자존심과 연결지어서는 안 된다. 사업은 무엇인가? 돈을 벌려고 진행하는 것이다. 하지만 자존심이 상한다는 감정에 매몰되어 포기해야 하는 상황을 인정하지 않고 개선하려는 태도를 갖지 않는다면 진정으로 돈을 벌고 싶어 하는 사람의 태도가 아니다. 나는 '자존심'이라는 단어에 매몰되는 태도와 마음가짐을 굉장히 경계해야 한다고 생각한다.

나는 온라인 비즈니스를 오래한 사업가라 가지고 있는 것이 대부분 무형 자산이었다. 그러다 보니 자연스레 내 마음속 한편에 유형 자산에 대한 동경이 있었다. 그 시점에 생각해낸 것이 시설 투자였다. 당시 나는 첫 시도부터 무리한 투자를 했다. 큰 기대감을 가지고 계약 후 인테리어 공사를 시작하자마자 큰 느낌이 왔다. 바로 내가 말한 인지적 오류였다. 멈추기엔 이미 대규모 인테리어 공사가 들어간 직후라 여기서 멈추게 된다면 수천만 원의 손해가 나는 상황이었다. 그래서 무조건 잘될 거라며 마인드 컨트롤을 하면서 절대 해서는 안 되는 일을 밀어붙이기 시작했다. 결국에는 수억 원을 손해 보았다. 지금은 웃으면서 말할 수 있지만, 그 사건이 내게는 큰 상처로 남았었다. 당시 나는 실패를 용납할 수 없는 사람이었고, 자존심도 무척 중요했다. 하지만 무조건 잘할 수 있다는 자만심과 나를 바라보는 직원들이 떠올라 단칼에 멈추기가 힘들었다. 사실 지금 생각해 보면 내가 진짜로 크게 손해 본 것은 돈이 아니라 시간이었다. 내가 그 시설에 시간과 열정을 쏟아부은 대신 트렌드에 맞는 새로운 비즈니스를 했더라면 지금쯤 어떻게 되었을까 하는 아쉬움이 아직도 마음속을 맴돈다. 그 실패의 상처가 아무는 데까지 굉장히 많은 시간이 걸렸다. 그로 인해 지금은 실수를 반복하지 않겠다는 마음가짐으로 일을 하고 앞으로도 그럴 것이다. 상처는 아물었지만 자국은 남기 마련이다. 그 자국을 보며 매일 반성하고 스스로 돌아보는 좋은 계기가 되었다. 때로는 억지로 밀어붙이기보다 빠른 포기가 더 현명할 수 있다는 사실을 반드시 기억하길 바란다.

사업가가 흔히 가지는 3가지 편견

　　당신은 처음 사업을 할 때 어떤 마음가짐으로 시작했는가? 아마 '사업으로 큰 부자가 되어 보자!'라는 마음이 대다수일 것이다. 그런 포부를 가지고 있음에도 가슴 한편에는 한 번도 경험해보지 못한 시장과 현실에 대한 큰 불안감을 느낄 수 있다. '만약 잘 안 되면 어쩌지? 내가 투자한 것에 비해 매출이 적으면 어쩌지?' 등 초보 사업가와 성공을 코앞에 앞둔 사업가의 대표적인 큰 걱정거리다. 아무리 대담한 성격을 가진 사람이라도 '내가 이 시장에서 살아남을 수 있을까'

하는 불안감을 느끼는 건 당연한 일이다.

그럴 때면 성공 사례들을 보자. 불안했던 마음에서 나도 할 수 있겠다는 마음으로 전환될 것이다. 설탕을 만들어 팔던 회사가 지금의 삼성이 되었고, 동네 구멍가게가 세계적인 월마트가 되었다. 분명 이 세계적인 기업들도 처음엔 작은 사업으로 시작했다. 과연 그들이 이제 막 시작한 작은 사업이 미래에 세계적인 회사가 되어 있을 거라고 예상이나 했을까? 당신도 처음엔 월 100만 원만 벌 수 있기를 바랐을 수도 있고 혹은 내가 지금 버는 월급만큼만 벌었으면 좋겠다는 소박한 마음으로 사업을 시작했을 수 있다.

보통은 사업의 가능성을 가늠할 수 없다 보니 작게만 생각한다. 하지만 온라인 사업으로 시작하더라도 충분히 크게 성공할 수 있다. 그 이유는 한 가지 일만 할 수 있는 것이 아닌 관련된 사업들이 무궁무진하게 펼쳐질 수 있는 곳이 이 시장이기 때문이다. 거기다 분명 자신만의 사업 내공까지 쌓이게 된다면 성공까지의 기간을 좀 더 단축시킬 수 있다.

나는 처음 구매대행으로 시작해 어느 정도 연차가 쌓여 시장이 어떻게 돌아가는지 파악한 후 추가로 배송대행지 사업을 진행했다. 그 후 구매대행과 배송대행지 사업을 동시에 진행해 보니 '셀러들에게 필요한 것이 무엇일까?'라는 생각을 자연스럽게 하게 되었고, 현재는 이커머스 관련 소프트웨어 사업도 함께 진행하는 회사로 성장했다. 또 그 중간에는 수입 대행 회사로까지 확장해 이제는 자체 브랜딩도 진행하는 큰 회사가 되었다. 그리고 이것을 넘어 온라인 셀러라면 반드시 필요한 마케팅과 상품 상세페이지를 제작하는 디자인 회사도 운영하는 중이다.

나도 이커머스 시장이 이렇게 넓은지 모르고 시작했다. 내가 이러한 사업들을 확장해 나갈 수 있을 거라는 생각도 하지 못했다. 나는 당신이 지금 하는 일을 마냥 작은 일이라고만 생각하지 않았으면 좋겠다. 당장은 적은 수입이 나는 부업일지라도 그 생각에 매몰되지 말고 추후 큰 사업을 운영하게 될 회사의 첫 디딤돌이라고 여겨야 한다. 작게 시작하더라도 계속 작게 있을 거라고 생각하지 말기를 바란다.

두 번째로 초보 사업가들이 '나는 충분히 열심히 하고 있다!'라고 생각하며 스스로를 다독이는 행동을 자주 한다. 보통 사람의 기준에서 열심히 한다는 것은 시간 낭비 없이 규칙적인 삶을 살며 직장 생활 혹은 월급을 받고 생활하는 거라고 생각할 것이다. 나 또한 이 부분에 대해 전적으로 동의한다. 하지만 우리는 사업가다. 우리가 만약 규칙적인 생활을 한다면 '열심히'가 아닌 그저 남들만큼 하는 것에 불과하다. 조금은 잔인하게 들릴 수 있지만, 사업 초보자들은 '이 정도만 하면 된다' 라는 생각으로 적당히 노력하고 큰 결과를 바라는 경우가 종종 있다. 특히 경쟁이 치열한 온라인 시장이 주무대인 사업가는 더 많은 집중력과 시간 투자를 해야만 대박이 아닌 보통의 결과를 만들 수 있다.

역설적으로 이야기해보자. 우리나라 사람이라면 보편적으로 16년 동안 공부를 해서 어렵사리 회사에 들어가 200~250만 원 정도의 월급을 받는다. 이에 반해 초보 사업가들은 이 이상 매출을 생각하며 사업을 시작한다. 보통 사람들은 첫 평균 월급인 200~250만 원을 받기 위해 16년이라는 시간이 걸린다. 그렇다면 사업가가 회사원과 똑같이 12시간 정도의 시간을 사업에 집중해서는 답이 없다. 16년을 투자해 200~250만 원 받을 수 있다면, 내 사업에 3~6개월 집중해 그만큼 수익을 얻을 수 있다는 것은 굉장히 거저먹는 일이라고 생각한다. 이 부분을 마냥 쉽게 받아들여서도 안 된다. 내가 말하는 3~6개월은 16년의 투자만큼 내 사업에 매달려야 한다는 뜻이다. 지금은 예전과 확실히 다르다. 이제는 적당히 하면 적당히 벌 수 있는 것이 아닌 적당히 하면 아예 벌 수 없는 시대이다.

마지막으로 자신의 사업적 재능을 의심하는 사업가도 많

다. 앞서도 이야기했듯이 사업에는 재능이 필요 없다. 그 대표적인 케이스가 바로 나다. 나는 정말 평범하고 무엇인가 특출나게 잘하는 사람이 결코 아니었다. 그런 나도 초보 셀러로 시작해 이제는 꽤 많은 사업체를 가진 한 회사의 오너가 되었다. 다만, 나는 정말 많은 시간을 투자하고 연구를 해왔다. 절대로 자신을 의심하지 말자. 사업에 재능이 필요하다는 말이야말로 편견이라고 생각한다.

초보 사업가들이 가지는 검은 편견을 나는 전적으로 이해한다. 나도 초반에는 동일한 생각을 하며 지레 겁을 먹었다. 하지만 당당하게 성장한 나를 초보 사업가들에게 보여주고 싶다. 이 말은 당신도 충분히 할 수 있다는 말이며 또 다른 의미로는 나보다 더 큰 회사를 설립할 수 있다는 것이다. 당신은 사업가다. 큰 성공을 바라며 시작했다면 겁먹지 말고 지금보다 더 나은 미래를 위해 한 발짝 더 앞서나가는 사람이 되길 바란다.

사업가의 멘탈을
무너뜨리는 요인

아무리 연차가 많이 쌓인 사업가라 하더라도 크고 작은 이슈에 흔들리는 멘탈을 관리하기란 쉽지 않다. 16년 차 사업가인 나 또한 멘탈 관리를 위해 동종업계 사업가들의 이야기나 성공한 사업가들의 서적들을 찾아보며 의지를 다지고 동기부여를 얻는다. 사업을 진행한 기간과 상관없이 하루하루 매출의 기복이나 이슈가 많은 사업 시장에 종사하고 있다면 본인만의 멘탈 관리가 반드시 필요하다.

친한 후배 사업가들과 사적으로 만나 이야기를 하다 보면 멘탈 관리를 비롯한 다양한 정신적인 스트레스로 나에게 도움을 청하거나 조언을 구하는 일들이 빈번하게 있다. 그들의 고민을 듣다 보면 나 또한 이미 겪었던 고민들이어서 큰 공감을 하게 된다. 사업에 막 발을 디딘 사업가라면 더더욱 멘탈 관리가 익숙하지 않을 것이다.

대부분의 초보 사업가들은 매체를 통하거나 제3자의 경험담들을 듣고 사업을 시작하는 경우가 많다. 하지만 광고나 경험담에서는 성공한 케이스들만 이야기하고 정작 어두운 부분은 전혀 알려주지 않는다. 이러한 광고에 혹해 무작정 사업에 뛰어든 사람들 중에는 다양한 이슈에 견디지 못하고 중도에 포기하는 사람들이 많다. 솔직히 나 정도 연차가 쌓인 사업가라면 온갖 산전수전을 다 겪었다고 해도 무방할 것이다. 사실 지금도 하루하루 조용히 지나가는 날들이 드물다. 외부에서 사건이 터져 해결하면 눈 깜짝할 사이에 내부에서 사건이 또 터진다. 이커머스 사업을 하는 사람들은 단순 국내뿐만 아니라 해외 이슈에도 굉장히 타격을 많이 입는다. 앞날은 절대로 예측할 수 없으니, 계속해서 반복되다 보면 아무리 강한 멘탈을 가진 사람이라도 한순간에 무너지는 것은 당연한 일이다.

좋은 예시로 얼마 전 나에게 찾아온 한 수강생의 이야기를 해주고 싶다. 나는 현재 내 교육 플랫폼에서 일본 구매대행 마스터 과정이라는 창업 프로그램을 진행하고 있다. 그 과정 수강생 중 일본 구매대행 창업을 시작하자마자 4천만 원의 매출을 달성한 사업가가 있는데, 한번은 나에게 저녁 약속을 제안해 약속 장소에 나갔더니 가타부타 아무런 설명도 없이 나에게 사업을 그만두고 싶다고 하는 것이 아닌가. 사실 가볍게 생각하고 나간 자리였건만, 그 사업가의 입에서 내가 예상했던 말들과는 정반대의 말이 나오니 적잖이 당황했다.

쉽지 않은 매출을 달성했는데 왜 그만둔다는 것인지 의문이 들어 그 사업가의 이야기를 끝까지 들어보니, 매출이 많이 나와 뿌듯하고 기분이 좋지만 예측할 수 없는 사건 사고들이 너무 빈번하게 터져서 그만두고 싶다는 것이다. 사업을 하다 보면 누구나 겪는 문제이기에 "지금 포기하는 것은 굉장히 이르다. 이러한 일들이 일어날 거라는 걸 모르고 시작하지 않았느냐. 알고 시작했으니 지금 겪는 불안감과 힘든 부분은 아무것도 아니다"라며 사업 선배로서 해줄 수 있는 말을 건네며 어깨를 토닥였다.

사실 그의 불안함에 큰 공감을 한다. 그러나 사업가라면 '불안감'은 매사 친구처럼 함께하는 부분이기에 그것에 적응해야 진정한 사업가가 될 수 있다. 사업을 막 시작했을 때는 성공을 갈망하는 열정이 크다. 그 뜨거운 열정으로 적지 않은 비용과 자신의 시간을 모두 투자한다. 하지만 만약 내가 투자한 것에 비해 성과가 좋지 않으면 엄청난 시련으로 받아들이게 된다. 그리고 '내가 하는 방식이 맞는 걸까? 분명히 전문가들이 이렇게 하라고 했는데?' 하며 본인 스스로를 못 믿게 되는 시점이 오게 된다. 그 시점이 사업 초반에 멘탈이 흔들리는 구간이다. 운이 좋아서 빠르게 성공하는 사람도 있고, 운이 잘 따라주지 않아 임계점의 한계까지 도달해야 성공하는 사람이 있다. 이러한 부분은 각자의 몫이기에 누군가의 조언이 필요한 것이 아니라 스스로 견뎌야 하는 부분이다. 나는 이것이 '사업이 가진 특성'이라고 생각한다.

그렇다면 멘탈을 지키기 위한 방법은 어떤 것들이 있을까? 바로 처음부터 잘될 수 없다는 마인드를 가지는 것이다. 앞서 말했듯이 사업의 기간과는 상관없이 누구에게나 위기가 오기 마련이다. 정신적으로 힘이 들기 때문에 도중에 포기하지 않고 꾸준히 진행하려면 동료들을 만들거나 멘토를 만드는 것을 적극 추천한다.

나는 후배 사업가들을 위해 꾸준히 커뮤니티를 만들고 있다. 그 커뮤니티를 통해 여러 사업가의 고충을 들어주고 성장하는 사업가들의 모습을 보며 큰 자부심을 느낀다. 더불어 나 또한 계속해서 성장해야 한다는 동기부여를 받곤 한다.

2023년에도 동종업계에서 일하는 사업가들과 소통하는 사람이 될 예정이다. 모두 잘 극복하고 성장하길 바란다.

정체기의
지루함을
이겨 내는 법

사업을 하다 보면 반복되는 일상과 루틴에 지루함을 느끼게 되는 시점이 온다. 특히나 두 구간에서 많은 사람이 지루함을 느끼는데, 첫 구간은 사업을 준비하는 동안에 매출이 나오지 않는 시점이고, 두 번째 구간은 어느 정도 사업이 안정권에 안착했을 때다. 더 높이 올라가고 싶은 욕구는 있지만 더 이상의 성장이 어렵고 동일한 매출이 지속적으로 나온다면 당연히 지루함을 느낄 수밖에 없다. 사업을 준비하는 기간이 예상외로 길어지면 처음에 마음먹었던 불타는 열정이 꺼

져가면서 지루함으로 느껴지는 구간대로 접어든다. 이것이 잘 못되었다고 얘기하는 것은 아니다.

대한민국 국민이라면 무조건 거쳐야 하는 의무인 초등, 중등 교육을 도합 9년 동안이나 공부를 한다. 거기다 고등학교와 대학 과정을 모두 거치게 되면 보통 14~16년을 공부하게 된다. 취업이라는 목표 하나를 잡고 가장 빛나는 10~20대의 시간을 투자하는 것이다. 그 목표를 달성하게 되면 신입사원 평균 급여인 200만 원을 받게 된다. 우리는 이 급여를 위해 십수 년을 공부한 것이다. 하지만 사업은 분야별로 다르지만 십수 년까지 준비가 필요한 사업은 없다. 만약 그 정도의 준비 시간이 필요한 사업이라면 굳이 진행하지 않아도 망하는 사업일 것이다. 대략 3~4개월 정도의 노력이면 진행 가능한 사업을 준비하면서 느끼는 지루함은 과연 정당한 것일까?

다른 접근 방식으로 가 보자. 상대적으로 빠른 시간 안에 성공하기 위해 인내해야 하는 시간이라고 생각하며 천천히 가더라도 방향만 맞는다면 나쁘지 않은 구간이라고 생각하는 것이다. 즉, 전혀 지루하다고 보지 않는 것이다. 긴 시간을 버티고 인내하다 보면 누군가의 도움 없이 스스로 터득하게 되는 부분들이 있을 것이고, 거기에 따라 미리 준비하게 되는 부분도 있을 것이다. 당연히 경험해야 하는 과정이라고 생각한다.

이 시기를 마냥 지루하다고만 생각하지 말자.

두 번째는 매출이 성장하지 않고 일정한 범위에서 머무르는 시점이다. 어느 정도 사업을 하다 보면 누구나 경험하게 되는 최대치의 매출이 있다. 나도 매달 2~3억의 매출을 4~5년간 유지했다. 이후에 유튜브를 겸해 진행하니 약 5년간 연매출 40~50억 대를 유지했다. 지금 생각해 보면 마의 구간을 유지한 것이 아니라 지키려고 노력했던 것 같다. 분명 그 시점이면 떨어질 법한 시기였다. 지키는 과정인 5년의 기간이 나에게는 지루하기보다 지켜내야 할 기간이었다. 그 5년의 시간이 수많은 노하우를 터득하며 배울 수 있는 기간이었다고 생각한다.

날마다 변하는 플랫폼의 정책과 대외 환경, 그리고 수많은 경쟁자들이 치고 올라오는 하루하루 속에서 매출이 오르지 않고 그대로라는 것은 마냥 낙담해야 하는 부분이 아닌 오히려 자신에게 칭찬을 보내도 된다고 생각한다. 내가 멈춰 있는 그 한 구간 한 구간을 좁고 긴 어두운 터널이라고 생각하자. 들어가면 막히는 동굴과는 다르게 터널은 언젠간 끝이 있다. 그 구간을 오랫동안 견디고 유지하며 노력하고, 새로운 것을 배운다면 지루하다고 생각했던 그 구간들이 언젠간 나에게 반드시 보상을 해준다.

그리고 이것만큼은 조심하자. 그 구간에는 매너리즘이라는 무서운 블랙홀이 있다. 그것만 피하면 된다. '이 정도면 돼. 이 정도면 만족해도 되는 거야'라는 생각은 좁고 긴 어두운 터널에 스스로를 가두는 것과 마찬가지다. 만족이 아닌 10배 이상의 노력을 해야 그 긴 터널에서 벗어날 수 있다. 짧다면 짧고 길다면 긴 사업 기간 동안 정말 열심히 노력해야 나중에 후회가 없지 않을까? 지루함은 누구에게나 오고 반드시 만날 수밖에 없다. 빨리 익숙해지고 이겨내자. 그리고 모두 정상에서 만나도록 하자.

결국
꾸준함이
재능을 이긴다

내가 처음 이커머스 시장에 들어왔을 때, 미국 구매대행으로 처음 시작했다. 그 당시, 해외 직구와 관련된 포스팅으로 유명하던 블로거가 있었다. 이커머스 관련해 마땅한 정보가 없었던 터라 나는 그 블로그를 하루에도 몇백 번이고 보며 참고했다. 같은 글을 수백 번이고 읽다 '내가 가는 이커머스의 길이 과연 맞는 것일까?'라는 의구심이 들어 조언을 들어보고자 댓글을 작성했다.

[안녕하세요, 한국에서 해외 구매대행 사이트를 운영하고 싶습니다. 해외 구매대행에 대해서 앞으로의 비전은 어떻게 보시는지요?]

그 당시 나는 아주 절박했기에 그 블로거의 대답이 내 앞길을 좌지우지할 것만 같다는 착각까지 들었다. 기다리던 답글이 달려 확인했다가 세상이 무너지는 듯한 기분을 느꼈다.

'현재 해외 구매대행은 레드 오션이라 하시지 않는 것이 좋을 것 같습니다.'

나는 이 댓글을 보고 며칠간 밤잠을 이루지 못했다. 그때가 정확히 2010년도였는데, 나는 이커머스 사업에 모든 것을 걸기 위해 다니던 직장까지 포기한 상황이었다. 하지만 그의 답변은 결국 엉터리였다. 나는 그 답변을 애써 무시한 채 끝까지 해보자는 오기와 나 자신을 믿고 사업을 끌고 왔다. 그렇다면 내가 과연 이커머스 사업에 재능이 많은 사업가였을까?

수많은 강의와 사업상 오프라인 미팅에 참석하다 보면 많은 사람이 나에게 의외로 재능에 대해 질문을 많이 한다. "빠르게 매출을 달성한 사람들은 재능이 있는 사람들이겠죠?", "투트랙님도 남다른 재능이 있어서 성공하신 거겠죠?" 등 재능을 높이 평가하며 본인에게는 재능이 없다며 의기소침해 하는 사람들을 많이 보았다. 이 글을 읽고 있는 당신도 사업 진행에 있어서 재능이란 부분을 높이 평가하는가?

물론 재능이 있다면 빠르게 성공할 수 있는 영역이 있을 것이다. 빠르게 돌아가는 시장 트렌드를 어려움 없이 캐치해 본인의 사업에 적용시켜 소위 말하는 대박을 터트리는 사람이 있을 것이고, 남다른 마케팅 방법으로 수많은 경쟁자 속에서 높은 매출을 달성하는 사람도 있을 것이다. 하지만 사업 진행에 있어서 반드시 재능이 있어야만 성공이 가능한 것은 아니다. 많은 사람이 나에게 사업을 보는 남다른 시각과 재능이 있을 거라고 생각한다. 물론 남들과는 다르게 이커머스 시장에 먼저 들어와 다양한 머니 파이프라인을 만들고 지켜내는 것을 본다면 이커머스 시장에 감이 전혀 없었던 것은 아닐 것이다. 하지만 나 역시 사업을 시작하기 전까지는 평범한 사람이었다. 대한민국 국민으로서 교육 과정을 모두 거치고 취업 준비를 해 대기업 입사를 꿈꿨던 평범한 청년이었다.

보통은 절대 시간 안에서 남들과는 다른 압도적인 퍼포먼스를 낼 때 재능이 있다고 한다. 그렇다면 이커머스 사업을 하는 우리를 비춰 생각해 보자. 매일 상품을 업로드하고 매일 상품에 대해 관심을 가지다 보면 짧은 시간 내에도 어느 정도 매출이 나온다. 이러한 매출과 약간의 성공이 반복되면 제3자가 보았을 때 이커머스 시장에 재능이 있다고 느껴질 수 있다. 과연 이것이 재능일까? 내 입장에서 봤을 때 이러한 결과는 재능도 아니고 꾸준함도 아닌 그냥 평범한 실력이다.

분명 성공한 또 다른 사람들을 보며 나 자신을 재능이 없는 사람이라고 생각하고 가둬버리는 사람들이 많을 것이다. 실제로 강의를 하다 보면 스스로 재능이 없는 사람이라고 생각하고 쉽게 포기하는 사람들이 많았다. 사실 그들을 생각하면 정말 안타깝다. 포기한 사람들이 원했던 매출과 성공의 결과는 사실 조금만 노력한다면 누구나 충분히 얻을 수 있는 목표치였기 때문이다. 당신도 '난 온라인 시장에 대해서 잘 몰라. 난 소질이 없어서 매출이 나오지 않을 거야' 하며 부정적인 생각으로 스스로를 가둔 적이 없는지 한번 깊게 생각해 보았으면 좋겠다.

앞서 말했듯, 나는 사업을 하기 전 온라인 쇼핑몰에 전혀 관심이 없었다. 지금은 포토샵도 기본 사용법만 알지 전문가적인 부분은 잘 모른다. 또한 많은 사람이 이커머스 사업을 한다면 다양한 언어를 구사할 줄 알아야 한다고 생각하지만, 나는 기본적인 언어 정도만 구사할 수 있을 뿐이다. 과연 내가 사업에 재능이 타고난 사람인 것일까?

나는 분명 재능보다는 꾸준하게 하는 것이 더 큰 아웃풋을 가져다줄 것이라고 생각한다. 요즘 20~30대 젊은 청년층들은 온라인이 이미 갖춰진 환경에서 태어나 자랐기 때문에 사고방식도 다를 거라고 생각한다. 하지만 그 온라인을 만든 세대가 누군가? 바로 기성세대이다. 천리안, 나우누리, 하이텔 등 지금의 온라인 세대와는 다른 통신 세대였지만, 기성세대들의 꾸준한 관심과 노력 덕분에 온라인 세대가 만들어진 것인 만큼 사업가들 또한 꾸준한 노력과 관심이 있다면 충분히 해낼 수 있다는 의미다. 내가 교육 과정 수강생들에게 매일 하는 이야기가 있다.

"꾸준함은 재능을 압도한다. 꾸준하게 자신을 믿고 진행하라. 느리더라도 꾸준함이 있다면 커버가 가능하다."

재능이 없어서 못한다는 프레임에서 스스로 벗어나는 노력을 해야 한다. 그 프레임에서 벗어난다면 누구든지 할 수 있는 영역이라는 마인드를 가지고 일을 시작해 보는 것을 추천한다. 꾸준하게 해 본 사람은 알 것이다. 재능이 있는 것보다 꾸준함을 갖는 것이 더 힘들다는 것을. 오늘부터 당장 100일 동안 매일 빠지지 않고 운동을 할 수 있는 사람이 과연 몇이나 될까? 극소수일 것이다. 하지만 그 고통을 이기고 내 것으로 만드는 사람만이 성공의 결과를 맛볼 수 있다.

꾸준함은 재능을 압도한다는 것을 잊지 말자. 꾸준함은 절대로 쉽지 않다. 그렇기 때문에 확실한 결과가 나온다. 설사 꾸준하게 했음에도 결과가 안 좋게 나온다고 하더라도 당신이 잘못된 것이 아니다. 결과는 비록 실패로 나왔지만 또 다른 일을 할 수 있는 근성을 얻게 된다. 그 근성으로 새로운 도전을 한다면 그다음 과정은 보다 쉽게 느껴질 수 있다. 세상에 완벽한 사람은 없다. 당신의 노력과 근성이 성공의 폭죽을 터트릴 불꽃이 된다는 것을 잊지 말도록 하자.

66

행운과 실력을
구분할 수
있어야 한다.

99

노하우는 돈을 주고 살 수 있지만,
사업 마인드는 나 자신이 스스로 키우지 않는다면
성공하지 못한다.

PART . 4

새로운 시대의
새로운 부자가 되려면

기회를 잡는다는 것

"행운은 적절한 순간에 적절한 기회를 붙잡을 때 누리는 것"이라는 말이 있다. 하루아침에도 많은 것이 달라지는, 빠르게 변화하는 세상에서 살아남기 위해서는 새로운 관점으로 적절한 기회를 잡을 줄 아는 통찰력이 필요하다. 남들과 똑같은 상황에서 기회를 잡는 사람은 세상의 변화와 흐름을 예의주시하고, 그 변화와 흐름 속에서 새로운 기회를 거머쥐는 사람이다. 언제나 기회는 예고 없이 찾아오기에 우리는 항상 준비되어 있는 사업가가 되어야 한다.

기회의 순간은
늘 예고 없이
찾아온다

성공의 기회는 예고 없이 찾아온다. 나도 돌이켜 보면 과거 그 당시에는 모르고 지나쳤던 기회와 순간들이 분명 여러 차례 있었다. 그중 내가 잡은 것들도 있었고 놓친 것들도 있었지만, 거의 대부분은 기회인지 인지조차 하지 못한 채 스쳐 지나갔다. 당시 내가 그것을 기회라고 생각할 수 없었던 이유도 한창 성장 중인 사업가였기에 판단하기가 어려웠기 때문이다. 가끔은 '할 수 있다는 마음을 먹고 어느 정도 능력적으로 밀어붙였다면 충분히 성공했을 법한 아이템'들이 지금도 떠오른다. 사실 그런 것들을 놓치고 지나간 것에 대해 후회가 되긴 한다. 앞으로라도 놓친 것들보다 더 좋은 기회를 잡을 수 있게 성장해야겠다는 각오도 생기게 된 계기였다.

2014년쯤 우연히 TV를 보다가 비트코인이 19만 원에 거래된다는 소식을 들었다. 그 당시만 해도 사람들은 실체도 없는 비트코인의 가격이 19만 원이라는 사실에 엄청난 충격을 받았던 것으로 기억한다. 지금이야 몇 년 전부터 코인 대란이 일어나 없어서 투자를 못하는 시대라고 하지만, 그 당시에는 가상화폐에 큰돈을 투자하는 것에 대해 다들 미친 짓이라고 생각했었다. 만일 그때의 투트랙이 비트코인 성장 가치를 예상하고 관련된 지식이 어느 정도 있었다면, 아마도 내 인생에 전례 없는 기회가 되었을 수도 있을 것이다. 하지만 나도 다른 사람들처럼 터무니없는 이야기로 치부하고 채널을 돌렸었다. 물론 지금은 가상화폐에 투자를 하고 있기는 하다. 만약 내가 그 당시 비트코인에 투자했다면 지금쯤 또 다른 인생을 살고 있지 않을까 하는 우스운 생각도 가끔 한다.

한참 회사를 키워가던 시절, 수많은 협력 제안이 들어왔다. 하지만 나는 깊게 생각해 보지도 않고 냉정하게 거절했다. 한 번 정도는 상대 회사의 이야기에 귀를 기울이고 사업 방향성에 대해 미팅을 가졌지만, 당시 나는 아직 준비가 되지 않았다는 생각이 들었기 때문에 조바심이 났다. 하지만 지금은 생각이 달라졌다. 만일 지금의 투트랙이 그때로 돌아간다면 고민 없이 부딪쳤을 것이다. 많은 제안을 받아들이고 내 비즈니스로 운영했더라면 분명 지금보다 더 큰 성공을 하지 않았을까 생각한다. 이제는 크든 작든 제안들이 들어오면 최대한 수용하고 진행할 수 있는 사업이라는 생각이 들면 적극적으로 추진해 보려는 자세를 가지게 되었다.

기회를 구분하는 방법은 사실 어렵지 않다. 모든 것들이 준비되어 있을 때 구분이 가능하다. 하지만 보통은 그 기회들이 대부분 내가 준비가 제대로 되어 있지 않을 때 많이 찾아온다. 그 이유는 항상 부족할 때 욕심과 고민이 더 많기 때문이다. 기회는 늘 예고 없이 찾아올 것이다. 준비가 덜 되었다고 흘려보내지만 말고 추진해 보도록 하자. 원래 기회가 닥쳤을 때 실력이 빠르게 향상하는 법이다. 기회를 만드는 것과 잡는 것은 모두 자신에게 달려있다. 두려워하지 말고, 성공을 위해 용기를 내보는 건 어떨까?

쉽게
단정 지어 놓은
모든 것을 의심하라

인간이 살아가면서 가장 중요한 것은 한 사회의 구성원이 되어 살아가는 것이다. 단지 사람만 모인다고 사회가 만들어지는 것은 아니다. 각자마다 역할이 있어야 한다. 누군가는 경찰이 되어야 하고, 누군가는 소방관, 의사, 선생님 등 직업을 가지고 자기 몫을 해나가면 사회가 만들어지고 원활하게 돌아간다.

나는 언젠가부터 마음속에 큰 의문을 품은 것이 있다. 왜 공교육에서는 사업에 관한 교육이나 금융에 관한 교육, 경제와 관련된 교육은 해주지 않는 것일까? 나는 이러한 것들이 어려서부터 기본 교육 과정과 더불어 어느 정도는 반드시 이루어져야 한다고 생각한다. 지금은 학업에 몰두해 좋은 학교를 가고, 좋은 직장을 얻은 다음 결혼해 아이를 낳는다는 것만 교육받고 있다. 우리가 배워온 기준에서 조금이라도 엇나가거나 다르게 나간다면 제3자들은 순수한 격려보다는 우선 색안경을 끼고 본다.

가끔은 우리가 공교육으로부터 가스라이팅을 당한 것이 아닌가 하며 농담처럼 말하곤 한다. 사실상 유튜브나 도서를 제외한 어느 곳에서도 사업의 성장 가능성과 사업의 장점을 알려주는 곳은 없다. 대체로 회사에서 급여를 받는 근로자로 살아야만 한다는 프레임에 갇힌 사람들이 더 많을 거라고 생각한다. 게다가 아이러니하게도 급여 생활자들이 기업을 운영하는 사람보다 세금을 더 많이 낸다. 오히려 기업을 운영하는 사람들에게는 법인세가 많이 나오지 않는다. 비록 내 생각이긴 하지만, 기업을 운영하는 사람들은 근로자를 고용해 그들을 통해 세금을 원천 징수할 수 있는 수단을 마련하게 해주는 것이 클 것이다. 실제로 많은 직장인이 다니는 회사를 관두지 못하는 이유는 이곳을 나가게 되면 굉장한 불안감에 휩싸이게 될 거라고 생각하기 때문이다. 그러나 실제 회사 밖으로 나가도 상황은 생각보다 나쁘지 않다. 무엇이든 본인이 움직이기 전까지는 아무것도 알 수가 없다. '과연 내가 옳다고만 생각했던 것들이 정말로 옳은 것들일까?' 의심하면서 스스로 갇힌 프레임에 관해 끊임없이 의심하고 뚫고 나가려는 노력을 했으면 좋겠다. 큰 것을 이루기 위해 많은 것들을 경험해 보고 다양한 시각으로 보며 생각해 보았으면 한다.

누군가 꿈이 뭐냐고 물었을 때 '사업가'라고 대답하면 보통 돌아오는 말은 "사업은 아무나 하냐? 평범하게 취업이나 해"라는 말이다. 과연 그렇게 받아친 사람 중에 사업을 해 본 사람이 몇이나 될까? 결국 사장은 다수가 아니라 소수이다. 나도 당신도, 갇힌 프레임 안에서만 허우적거리지 말고 그 틀을 벗어난 큰사람이 되길 바란다.

성공한 사람들은
절대로
알려주지 않는 것

　　사업으로 성공한 사람들이 부자를 꿈꾸는 당신에게 절대로 알려주지 않는 것들은 무엇일까? 수많은 사람이 나의 강의와 컨설팅 자리에서 이와 같은 질문을 던진다.

　　"투트랙님, 아무에게도 안 알려준 꿀팁이나 사업 비법 없으세요?"

　　나의 대답은 심플하다. 그런 거 없다. 나를 포함해 사업으로 성공한 사람들은 사업가 마인드와 사고방식들이 이미 몸에 밴 습관처럼 자리 잡아 있어서 이론적으로 답변하는 것이 어렵다. 사업 스킬은 쉽사리 이야기할 수 있지만 성공할 수밖에 없었던 방법은 내 이야기를 해야 하기 때문에 쉽게 답변이 나오지 않는다. 그럼에도 그 사람의 성공 비법이 궁금해 물어보고 싶다면, 마냥 그 이유에 대해 답변만 들으려고 하지 말고 오히려 질문하기 전 미리 리스트를 생각해 둔 다음 답변을 할 수 있게 질문할 생각을 해보는 것이 좋다. 성공한 사람들에게 사업 결과에 관해 질문한다면 쉽게 대답을 해줄 것이다. 나 또한 당장 매출에 관해 물어본다면 간단하게 대답이 가능하다. 하지만 그 매출을 낼 수 있었던 나의 과정을 물어본다면 답변은 어려워진다.

돈을 버는 방법이 궁금하다면 쉽게 찾아볼 수 있을 것이다. 넘쳐나는 창업 관련 유튜버 영상이나 날이면 날마다 쏟아지는 창업 관련 강의가 많은 요즘, 검색만 한다면 돈을 벌 방법은 어디서든 쉽게 얻을 수 있다. 분명 게으름과 꼼수 없이 그들이 알려주는 방법대로만 한다면 최소한의 수익은 낼 수 있을 것이다. 하지만 그 방법을 배우고 안다고 해서 단순하게 그들처럼 될 것이라고 단순히 생각해 사업을 시작한다면 절대 불가능하다. 수많은 책과 강의, 유튜브에서까지 풀어주지 않는 비밀은 무엇일까? 돈을 버는 스킬들은 강의 비용과 사용료를 내면 쉽게 알려줄 수 있지만, 막상 알려주기 힘든 것은 바로 실행력이다. 생각만 하고 멈추는 것과 그 생각을 기반으로 움직이는 것에는 큰 차이가 있다.

최근 들어 많은 사람이 열광하는 강의 중 하나는 새로운 창업이나 새로운 파이프라인으로 돈을 버는 방법이 아닌, 돈 버는 방법을 어떻게 실행하느냐에 대한 사업가 마인드 강의다. 예를 들어, 어떠한 실패가 와도 이겨내는 정신력 강의라든지, 패배 의식에 사로잡혀 있는 본인의 무의식을 깨우는 방법 등 사업가 마인드에 관한 콘텐츠가 굉장히 유행이다. 이런 것을 봐도 단편적으로 초보 사업가들이 돈을 버는 스킬보다 그것을 실행할 수 있는 원동력과 정신력을 더 필요로 하는 시대인 것 같다는 생각이 든다.

사실 나도 그렇다. 사업가 마인드에 대해 설명하라고 하면 쉽게 이야기할 수 있겠지만, 실행력에 관해 조언을 하라고 하면 쉽게 말을 꺼내기가 어렵다. 답변을 해주기 싫어서가 아니라 어디서부터 어떻게 풀어나가야 할지 감이 잘 안 잡히기 때문이다. 사람마다 교육 수준도 다르고 살아온 환경도 다르다. 모두가 궁금해하는 실행력은 사실 아주 기본적인 부분에서 시작된다. 성공한 사람들의 이야기를 아무리 수백 번 들어도 내가 그 사람이 아니기 때문에 완벽히 이해하기도, 따라 하기도 힘들기에 더욱 실행하기 두려운 것이다. 그래서 나는 성공한 사람들 옆에서 그 사람의 사고방식과 스킬을 배우는 것을 가장 추천한다. 그 사람이 사업을 바라보는 마음가짐과 해석 방법 그리고 어떻게 준비해 추진하는지 바로 옆에서 본다면 어떠한 값을 주고 배우는 것보다 훨씬 더 많은 것들을 배울 수 있을 것이다.

돈을 주고 배울 수 있는 부분과 없는 부분은 확실히 있다고 생각한다. 굳이 큰 성공이 아닌 작은 성공을 해 본 사람이더라도 그 사람의 생활 속에서 보고 배울 수 있는 것들은 모두 내 것으로 만드는 것이 가장 좋다. 예를 들어, 워런 버핏과 점심시간을 가지기 위해 전 세계에서 많은 사람이 수억 원에 달하는 비용을 지불한다. 그 사람을 직접 만나 듣고 배우는 것들은 1~2시간 만에 끝나는 강의에서는 절대로 들을 수 없는 이야기일 것이다. 뭐든 결과로는 쉽게 이야기할 수 있다. 어떻게 됐든 결과를 이루고 난 다음에 이야기할 수 있는 부분이기 때문이다. 하지만 그 결과를 낳기 위해 달려온 과정은 2~3시간 강의로 펼치기에는 어렵다. 정말로 성공하고 싶다면 그 사람의 결과보다는 과정을 주의 깊게 보며 내 것으로 만들자. 또 다른 누군가는 그렇게 성공한 내 모습을 보며 새로운 성공의 꿈을 키울 것이다. 실행력이 곧 성공의 키가 된다는 것을 잊지 말자.

잘하는 것에
집중하고
레버리지를 활용하라

　　작은 회사나 1인 기업들의 장점은 무엇일까? 나
는 무엇보다 빠르게 의사결정을 할 수 있다는 것과 빠른 실행
력으로 일을 추진할 수 있다는 것이 가장 큰 장점이 아닐까 싶
다. 이러한 장점들을 내 사업에 최대화하고 싶다면 다양한 것
들을 시도하는 것보다는 우선 내가 잘할 수 있는 것들의 능률
을 먼저 극대화하는 것을 추천한다. 한 사람이 사회에 나와 회
사에 취직을 하고 월급을 받으려면 본인 스스로가 시간을 들
여 학위를 따내고 기술을 연마해야 한다. 이렇게 되기까지도

최소 2년이 걸리고 기술 하나를 능숙하게 연마해 돈을 벌려고 해도 꽤 오랜 시간이 소요된다.

초보 사업가들은 보통 맨몸으로 부딪치는 것보다 먼저 이론적으로 모든 정보를 습득하고자 하는 성향이 강하다. 배우려는 자세는 좋지만 단기간에 어떤 전문가의 능력을 갖추기란 힘들다. 예를 들어, 상품 상세페이지를 제작해야 하는데 포토샵 사용법을 모르는 판매자라면, 전문 웹디자이너만큼의 작업 결과물을 제작하기 위해서 엄청난 시간을 투자해야 할 것이다. 하지만 사업가인 우리는 생각을 바꾸어 직접 시간을 투자하는 것이 아닌 돈을 주고 시간을 사는 사람이 되어야 한다. 물론 모든 측면에서 뛰어나면 좋겠지만, 사업가인 내가 잘할 수 있는 부분과 그 외적인 것을 나눠야 할 필요성이 있다. 내가 가지고 있는 기술에 집중하며 사업에 사용하고 부족한 부분들은 아웃소싱을 하는 것이다. 나는 이러한 부분들이 사업의 레버리지라고 생각한다.

부동산을 예로 들어보자. 내가 부동산 투자를 하고 싶지만 자금이 부족하다면 은행에 가서 대출을 받아야 한다. 사업도 마찬가지다. 내가 잘하는 능력 이외에 부분들은 부동산으로 따지자면 이자 비용을 부담해서라도 더 큰 결과를 얻는 것과 같다. 내가 그 능력을 습득하기 위해 시간을 오래 투자하는 것보다는 그 분야를 잘 아는 사람과 함께 일하는 것이 더 이득이다.

나는 창고 운영이나 물류 대행업을 해 본 적이 없다. 그렇지만 병행수입이나 중국에서 수입하는 사업을 진행하는 동종업계 사업자분들이 창고나 물류 대행 업체를 필요로 한다는 것을 알고, 창고 운영의 경험이 있는 사람과 물류 대행업에 관한 노하우를 가진 사람을 모아 사업을 시작했다. 비록 내 수익은 작아지더라도 창고 운영과 물류 대행업을 운영하는 회사를 가지게 된 것이다. 대기업의 인수 합병도 이러한 논리로 진행하는 것이다. 만일 유통회사를 운영하는 상황이지만 택배 회사가 없다면 택배 회사를 인수하는 것이다. 그렇게 되면 택배 회사의 노하우와 내 유통 경력을 결합해 큰 시너지 효과를 만들어 낼 수 있다.

지금 내가 운영하는 해외 구매대행 상품 자동 업로드 솔루션도 위와 같은 방식으로 만들어졌다. 해외 구매대행 사업을 오래한 상태라 그 분야의 로직이나 진행되는 프로세스를 누구보다 잘 알지만, 개발 능력이 전혀 없었던 상태라 적합한 개발사와 만나 새로운 프로그램을 만들 수 있게 되었다. 그럼으로써 개발사 회사를 가지게 된 것이다. 내가 개발사를 가지기까지 얼마의 시간이 걸렸을까? 마음만 먹으면 한 달 안으로 새로운 사업을 진행하고 프로그램을 만들 수 있다. 이러한 것들이 내가 말하는 레버리지다. 온전히 내가 만들 수도 있지만, 내가 하지 못하는 부분들은 전문가들에게 아웃소싱을 맡김으로써 트렌드에 뒤처지지 않는 비즈니스를 할 수 있게 된 것이다.

많은 사람이 내가 잘할 수 있는 일들보다는 부족한 부분을 메꾸려고 애를 쓴다. 하지만 배우려고 하는 것보다 그 분야에서 이미 잘하는 사람과 함께 일을 하는 것이 시간을 아끼는 비밀이다. 하고자 하는 일에서 자신 있는 일이 아니라는 생각이 든다면 시간을 쓰는 것보다 우선 그것은 차후에 진행하는 것으로 하고 좋아하는 일이나 자신에게 가치를 주는 일부터 하는 것이 좋다. 절대로 혼자 모든 걸 다 하려고 하지 말라. 함께한다면 더 큰 성공을 만들어 낼 수 있을 것이다.

사업은 콘텐츠보다 사람이 더 중요하다

16년 차 사업가인 나는 동종업계 사람들이나 사업을 운영하지 않는 사람들과도 자주 만나는 편이다. 그 이유는 단순하다. 내가 가지고 있는 지식과 방향성, 아이디어만으로도 사업 진행이 가능하지만 좀 더 대중성 있는 사업 아이템을 찾기 위해서다. 다양한 사람들을 만나면 내 사고방식이 바뀌고 새로운 아이디어가 마구 생겨난다. 물론 내 사업에서 나만의 확고한 신념 혹은 방향성도 중요하다. 하지만 사업 확장을 바란다면 제3자의 의견과 아이디어도 당연히 필요하다. 가령 내가 현 트렌드를 모르는 상태에서 인터넷 서치를 통해 배웠다고 한들, 직접 사람을 만나 이야기하며 지식을 나누고 경험하는 것에 비하면 수박 겉핥기 정보에 지나지 않는다. 그 경험이 자신에게 동기부여가 되고 목표가 될 수 있다는 것을 반드시 알아야 한다.

사업에서 다양한 콘텐츠도 중요하지만 결국 그 콘텐츠와 아이디어를 실행하기 위해서는 도와줄 수 있는 또 다른 사람의 역할도 중요하다. 이 부분은 앞에서 이야기했던 레버리지와는 조금 다르다. 모두가 알고 있는 브랜드 삼성과 애플이 강조하는 것 중 하나는 바로 핵심 인재 채용이다. 사업을 진행할 때 아무리 좋은 콘텐츠와 아이디어가 있어도 그것을 진행하는 것은 결국 사람이다. 그렇기 때문에 대표와 직원과의 연결이 가장 중요하다. 나도 직원을 채용하는 데에 상당한 에너지를 쏟아붓는 편이다. 그렇기 때문에 회사 직원들이 밖으로 나가지 않도록 굉장한 노력을 한다. 지금의 내 사업도 마찬가지다. 나 혼자 일궈낸 것들도 많지만 지금까지 이끌어갈 수 있었던 부분 중 직원들의 노력도 한몫을 했다고 생각한다. 현재 직원과 함께 사업을 운영하는 사람들은 충분히 이해가 될 것이다. 나 혼자 할 수 있는 사업은 분명히 한계가 있다. 내가 발전하기 위해서는 좋은 사람들과 함께 해야만 성과가 있다는 것을 반드시 알아야 한다.

　미국에서 투자로 가장 돈을 많이 버는 워런 버핏이 자신의 성공 비밀에 대해 이야기한 적이 있다. 첫 번째는 자신의 부모로부터 물려받은 건강한 DNA로 오랫동안 복리 효과를 누릴 수 있게끔 시간을 갖고 있다는 것, 두 번째는 훌륭한 멘토 멘티가 있었기에 성공할 수 있었다는 것이다. 이 글을 읽고 있는 당신이 가진 기술이 무엇인지는 잘 모르지만, 그 기술을 배우고 싶어 하는 사람들을 만난다면 감추지 말고 알려주었으면 좋겠다. 그리고 내가 가는 길에 먼저 시작한 선배들이 있다면 그들을 만나 많은 조언을 듣도록 하자. 결국에 남는 것은 돈과 명예가 아닌 사람이다.

　콘텐츠는 유행이 지나가면 없어지거나 촌스럽게 변한다. 하지만 사람은 계속해서 변화하기도 하며 무궁무진한 발전이 가능하다. 나만의 신념과 방식도 중요하다. 하지만 나보다 많은 경험을 가진 사람들과의 시간도 굉장히 중요하다. 사람이 중요하다는 것을 잊지 말아야 한다. 언젠간 나도 이 글을 읽고 있는 당신과 만날 수 있게 되길 바란다.

뛰어난 사람들 속에서
살아남는 법

세상에는 수많은 사람이 넘쳐나는 아이디어로 다양한 사업을 한다. 다양한 사업만큼 자신의 분야에서 특히나 뛰어난 사람들도 있다. 내가 '뛰어나다'고 생각하는 사람의 기준은 상황을 올바르게 보고 냉철하게 해석하며 결정하는 사람들이다. 그리고 전통적인 개념에서는 자기 관리도 철저히 하며 직장 생활도 열심히 하는 사람들이다. 대인 관계에서도 마찬가지다. 예의 바른 매너와 적당한 배려를 아는 성격을 가지고 나지막한 목소리로 자기 이야기를 할 수 있는 사람이 뛰어난 사람이라고 생각한다.

뛰어난 사람들을 생각하면 자신은 그 기준에 속하지 못한다는 생각이 들 수 있다. 그 기준이라는 것은 과연 누가 정한 것일까? 생각해 보면 어린 시절부터 성인이 된 지금 시점까지 나만의 데이터나 주변에서 들은 말로 세워졌을 가능성이 높다. 하지만 그 모든 조건을 충족한 뛰어난 사람이라고 해서 모두가 돈을 다 잘 버는 것은 아니다. 돈과 연관 지었을 때는 말이 달라진다. 그렇다면 뛰어난 사람들 속에서 내가 그들을 넘을 수 있는 방법은 무엇일까?

『타이탄의 도구들』이라는 책을 읽어본 적이 있는가? 아직 읽어보지 않았다면 당장 읽어볼 것을 추천한다. 이 책은 내 사업에 큰 영향을 주었다. 만약 내가 영어와 과학을 평균 이상으로 잘한다고 치자. 하지만 영어와 과학을 잘하는 사람은 우리나라에 차고 넘칠 것이다. 그럼 그들 사이에서 내가 차별점이 생기려면 어떻게 해야 할까? 만약 그 사람이 나라면 영어와 과학을 따로 보지 않고, 영어를 활용해 과학 수업을 할 것이다. 과연 영어를 잘하는 사람 중에서 과학에도 뛰어난 사람들은 과연 몇이나 될까? 이렇게 차별성과 경쟁력을 만들어 자신만의 강점을 찾아가야 한다. 내가 자신 있는 능력치들을 상위 20%까지 끌어올려서 조합한다면 나만의 또 다른 길이 열린다.

　우리는 이미 넘치는 레드 오션에서 싸워야 하지만, 모든 것을 다 잘해야 한다는 고정관념을 접어둘 필요가 있다. 나만의 또 다른 기술로 승부를 하게 된다면 타이탄의 도구들처럼 우리는 또 다른 도구를 얻을 것이다. 뛰어난 사람들 중에서 살아남을 수 있는 방법은 스스로 잘할 수 있는 아이템을 여러 가지 만드는 것이라고 생각한다. 한 가지만 잘하는 것은 무리다. 3~4가지를 잘해야 경쟁력이 생기고 위기가 왔을 때 극복해 나갈 수 있다.

　내가 현재 운영하고 있는 사업들도 스스로 자신 있는 기술들을 모아 또 다른 머니 파이프라인을 만들 수 있었고 계속해서 또 다른 사업을 만들어 낼 수 있었다. 상위 20%만 끌어올려도 충분한 경쟁력이 생기고 나만의 머니 파이프라인이 생긴다. 뛰어난 사람이 되고 싶은가? 우선 내가 잘할 수 있는 것이 무엇인지 고민하고 자신만의 사업을 만들어 보도록 하자.

배우는 것을
게을리하지 말라

나는 온라인 비즈니스 사업을 진행하면서도 새롭게 수익을 창출할 수 있는 방법에 대해 끊임없이 연구한다. 이미 투트랙은 많은 것들을 이루었다고 생각을 하는 사람들은 이러한 내 모습을 보며 의문이 들 수 있을 것이다. 사실 가만히 있지 못하는 내 성격이 새로운 일을 벌이는 데 한몫을 하기도 하지만 꾸준히 연구하는 것에는 이유가 있다.

첫 번째는 앞에서도 말했듯이, 내가 목표하던 것을 이루었다고 해서 멈춘다면 결국 떨어질 일들만 남기 때문이다. 그리고 나는 꾸준하게 인정받는 사업가가 되는 것이 목표이다. 나에게 있어서 재력이 얼마 정도 되느냐는 큰 비중을 차지하지 않는다. 얼마나 많은 것을 가지고 얼마나 많은 영향력을 가지고 있냐 하는 것이 내 인생에서 더 큰 비중을 차지하고, 실제로 이 부분을 계속해서 채우려고 노력한다. 내 손에 가진 것들은 잠시 머물다 가는 것이라고 생각한다. 그래서 지금 내가 이룬 것들과 소유한 것들은 언제든지 나에게서 멀어질 수도, 사라질 수도 있다. 하지만 많은 사람에게 인정을 받는 것은 나에게는 또 다른 문제이다. 내가 오랜 기간 몸을 담고 있는 이커머스 비즈니스 시장에서 새롭게 시작하는 또 다른 누군가에게 꾸준한 본보기가 되고 싶다.

　나는 셀러로 이커머스 사업에 뛰어들었기에 사업가이자 여전히 셀러다. 소프트웨어 비즈니스와 인프라 비즈니스, 그리고 3PL 업체 운영, 교육 운영 등 다양한 일들을 진행해 나가며 새로운 일들을 마련하고 있지만, 나는 여전히 젊고 열정적인 셀러들을 볼 때마다 마음속 깊은 곳에서 가슴이 뛰는 것을 느낄 때가 많다. 나 또한 더 큰 시장을 갈망했기에, 젊은 셀러들이자 후배 사업가들을 만날 때마다 새로운 길들을 열어주고 싶은 욕망이 크다. 그러기 위해서 나는 내 위치에서 만족하는 것이 아닌, 항상 새로운 것과 경험하지 않았던 분야를 두려워하지 않고 받아들이려는 노력을 늘 하고 있다.

그리고 투트랙이라는 유튜브를 시작한 지 어느덧 3년이 흘렀다. 2023년 2월 내 유튜브 구독자 수는 12만 명에 가까워졌다. 유튜브도 나에게 있어서는 큰 도전 중에 하나였다. 과연 내 채널이 사람들에게 큰 주목을 받고 도움을 줄 수 있을까 하는 걱정 반 기대 반으로 시작한 일이 이제는 매년 내 발전과 또 다른 누군가의 발전을 도모하는 콘텐츠로 자리 잡았다. 그래서 더 잘하고 싶은 마음에 고민을 많이 하고 있다.

"성공한 것들이 많은데, 굳이 새로운 사업을 확장할 필요가 있나요?"

이 글을 읽고 누군가는 나에게 의문이 들 수 있다. 다시 한 번 말하지만, 나처럼 작은 회사를 운영하는 사람들은 고민과 생각이 끊기는 순간 짧은 시일 내에 금방 무너질 것이다. 늘 도전하고 새로운 것을 받아들이며 스스로 자기계발하는 태도가 필요하다. 사업가가 되기로 마음을 먹었다면 새로운 것을 시도해 보며 늘 도전해야 한다고 생각한다. 빠르게 변하는 트렌드와 하루가 지나면 무섭게 치고 올라오는 젊은 사업가들을 보며 나는 매일 처음 사업가가 되어야겠다는 목표를 세운 그 첫날을 떠올린다. 부와 성공 2가지를 다 거머쥔 사업가가 목표라면 배움을 게을리하지 말자. 절대 어렵지 않다.

갑작스러운
성공과 부는 없다

       근래 들어 유튜브 혹은 SNS 등 다양한 미디어를 통해 본인 스스로 퍼스널 브랜딩을 하는 사람들을 많이 볼 수 있다. 소자본으로 시작해 많게는 수백억까지 자산을 불린 사람들이 매체에 나와 본인들의 사업 비법이나 경험담들을 공유하며 또 다른 교육 시장을 열었다. 부업이나 다양한 사업을 진행하려는 사람들이 많아진 만큼 수요가 꽤 큰 편이다. 단순 매체로만 성공을 이룬 사람들을 접한다면 정작 중요한 과정이 아닌 결과만 볼 수밖에 없을 것이다. 그렇기 때문에 보이는 것들만 판단해 단기간에 성과를 낸 사람들의 성공을 쉽게 생각할 수 있다. 하지만 쉽고 단순하게 성공을 이룰 수 있다는 생각은 하지 말아야 한다. 그 사람이 업계에서 손꼽히는 사람이 될 수 있었던 비결 중 하나는 자신의 사업에 엄청난 시간과 열정을 투자했기 때문이다. 그 과정 중 굉장히 많은 실패를 경험할 텐데, 최악인 경우 수차례 망하는 경험도 했을 것이다.

유튜브와 블로그, SNS 등 다양한 매체로 홍보하는 나 또한 특히 이 부분에 큰 공감을 하는 바다. 많은 사람이 나를 보며 갑작스러운 제이 커브를 그렸다고 생각한다. 제이 커브라는 것은 오랫동안 일직선에 있다가 갑자기 기울기가 상승하는 그래프를 뜻한다. 사람들은 우상향한 내 모습만 보았기 때문에 내가 8년 동안이나 이커머스 시장에 머물렀다는 것을 믿지 못하는 경우가 더러 있다.

나는 내 사업의 성공을 위해 8년이라는 긴 시간 동안 홀로 꿋꿋이 버티며 견디고 시도와 도전을 했다. 처음부터 큰돈을 목표로 한 것은 아니었다. 그저 내 삶과 가족을 위해 열심히 일하는 것에만 집중하며 달려왔다. 당시 내 나이는 30대였고 주변에 사업을 한다는 말은 했지만 이렇다 할 결과가 없었기 때문에 더욱더 먹고사는 것에만 급급했다. 그렇게 8년을 혼자 묵묵히 발로 뛰며 흔들리지 않고 여기까지 오다 보니 결국엔 이커머스 시장 업계에 당당히 내 이름을 쓸 수 있게 되었다. 내 사업이 결단코 갑자기 성공한 것이라고 생각하지 않는다. 아무런 지식도 없이 시작했던 1인 셀러에서부터 수많은 고난을 겪으며 쌓였던 지식들과 노하우들이 결국 성공을 일으킨 거라고 생각한다.

많은 사람이 사업에 대한 환상을 가지고 있다. 직장에서 벗어나 자기 회사를 세우는 것에 큰 로망이 있는데, 특히나 SNS에서 종종 보이는 성공한 젊은 스타트업 CEO들은 직장인들에게 많은 부러움을 산다. 하지만 그들 또한 그 성공을 위해 오래전부터 엄청난 시간과 공을 들였을 것이다. 성공까지의 과정은 사람들 눈에 보이지 않기 때문에 단순히 매출액만 보고 쉽게 돈을 번다고 생각할 수 있다. 과정 없는 성공은 없다. 실패 없는 성공은 없으며 혹여나 운과 타이밍이 잘 맞아 성공하더라도 절대로 그 성공이 길게 가지 못한다. 운과 타이밍으로 성공한 사람들이 반드시 조심해야 할 것은 그 좋은 운과 성공이 두 번은 없다는 점이다.

만약 누군가가 나에게 사업을 처음 시작했던 16년 전으로 돌아가서 지금 내가 운영하는 회사의 규모와 자산을 다시 만들 수 있겠냐고 물어본다면 난 절대로 불가능하다고 말할 것이다. 나는 내 몸을 불태워 회사를 이끌어 왔다. 물론 그 길에

운과 타이밍이 분명히 있었지만, 앞뒤, 양옆을 보지 않고 오로지 내 사업에만 집중했던 나로서는 다시 사업 초반으로 돌아간다면 절대로 쉽지 않을 것을 안다.

갑작스러운 성공과 갑작스러운 부는 없다. 당신도 이 글을 읽는다면 내 사업의 성공을 위해 운과 타이밍에 기대지 말고 스스로 하나씩 배우면서 나갈 수 있는 성공의 길을 찾아가야 할 것이다. 자기 자신을 믿고 움직이자. 내가 그랬듯이 당신도 성공할 수 있다.

셀러를 넘어 ^{Beyond Seller} 그 너머를 바라보라

첫 장부터 지금의 글까지 여러분들이 모두 읽었다면, 어느 정도 끝을 보고자 하는 사업가일 수도 있고 결국엔 어떻게 이야기를 마무리하는지 궁금한 사람들일 확률이 높을 것이다. 이번 글에서는 특별히 나와 같은 길을 걸으려는 사업가들에게 현재의 자리를 넘어 더 큰 꿈을 가질 수 있는 이야기를 해주고 싶다.

나는 나 자신을 평범한 셀러라고 생각하지 않는다. 처음 이 사업에 몸을 담았을 때부터 나 스스로 사업가라고 생각해왔다. 지금도 셀러의 일을 하고 있지만 이것만으로 만족하지 않고, 지금의 셀러를 넘어 앞으로 더 큰 사업을 꿈꾸며 일을 진행해 나가고 있다. 셀러라는 자리 너머에는 무궁무진한 사업 아이템들과 머니 파이프라인이 있다는 것을 잊지 말자. 이 길에서 멈추고 만족한다면 당신이 꿈꾸던 부의 길은 더 이상 보이지 않을 것이다. 누구나 다 수익성이 좋은 사업을 하기를 꿈꾼다. 그에 비해 지금의 우린 자영업자일 수도 혹은 1인 기업가일 수도 있다. 그러나 우리는 반드시 셀러를 넘어 더 큰 꿈을 가져야 한다. 그렇다면 더 큰 꿈은 어떻게 가져야 할까? 나만의 방법을 알려주겠다.

우선은 내가 선택한 셀러의 자리에서 최고가 될 수 있게 꾸준한 노력과 시간을 쏟는 것이다. 그렇게 나만의 노하우와 능력이 생긴다면 그 이후 피보팅을 한다. 셀러와 연관 없는 사업과 시스템을 만들어서 진행하라는 것이 아니다. 앞서 말한 대로 셀러를 하면서 1인 기업, 자영업을 진행했던 사업 노하우와 경험을 토대로 시스템을 만들어 가는 것이다. 정말 좋은 표본이 바로 이 책이다.

나는 사업 초창기 때부터 셀러를 오랜 기간 유지하기 위해 눈에 보이지 않는 어마어마한 노력을 했다고 생각한다. 다시 그때로 돌아가 똑같이 시작하라고 한다면 생각하기도 싫을 만큼 힘들었던 경험이 많다. 셀러 너머에 있는 것들은 꿈조차 꿀 수 없었다. 왜냐면 당장 내가 볼 수 있었던 것은 셀러 그 자체뿐이었기 때문이다. 하지만 이커머스 사업엔 다양한 것들이 많다. 해외 구매대행, 병행수입, 브랜드 유통, 재고 사업, 위탁 판매 등 한 가지 사업만 하는 것이 아닌 다른 여러 가지 사업과 융합해 진행할 수 있는 것들이 많기 때문에 새로운 파이프라인을 확장하기에 정말 탁월한 사업이다. 새로운 파이프라인을 확장하는 것이 바로 내가 말한 비욘드 셀러Beyond Seller이다.

한 가지만 하는 것이 아닌 다양한 것들을 해야 여러분들과 내가 롱런할 수 있다. 우리가 이 시장에서 책임자가 되어 계속 사업을 진행한다는 것은 정말 힘든 일이다. 인류 역사적으로도 100년 이상 지속하는 회사들은 손에 꼽힐 정도로 적다. 나 또한 이 시장에서 사업을 처음 시작했을 때 잡았던 목표는 최소 10년이었다. 하지만 벌써 16년 차가 되었다. 이 말은 이 글을 읽는 당신도 충분히 가능하다는 뜻이다.

나는 이번 2023년의 내 16년 차 사업이 기대된다. 나도 아직 비욘드 셀러를 꿈꾸고 있으며 현실에 만족하지 않고 더욱 노력할 것이다. 이 글을 읽는 당신들도 비욘드 셀러로 성장해 멋진 사업가가 되길 바란다. 또 다른 누군가는 성공한 당신을 바라보기 때문이다. 이 책을 모두 정독했다면 아마 그동안 살아왔던 방식과는 좀 다르게 살아보려고 하는 사람일 것이다. 그리고 어떤 방식으로 미래를 그려나갈 것인지 청사진도 어느 정도는 가지고 있을 것이다. 나는 당신이 생각한 그 계획들이 바로 이 책을 구매한 가장 큰 이유가 되었으면 한다. 그 계획이 실천될 경우 또 다른 초보 사업가 또한 성공한 당신을 보며 더 큰 꿈을 만들어 가고, 이커머스 시장의 세계는 더욱 성장하고 발전할 것이라 믿는다.

내가 처음 투트랙 채널의 유튜브를 시작했을 때, 그 당시 유명하던 한 사업 유튜브를 보며 많은 팁을 얻은 경험이 있다. 나는 그 사업가의 유튜브 영상을 수백 번 수천 번 보며 성공한 사람들을 따라잡으려고 노력했다. 그리고 어느 정도 이루었다고 생각하는 지금의 시점에서는 이젠 성공한 사람들을 따라잡으려는 것이 아닌 인생을 정말 멋있게 사는 사람들을 보며 그들의 생활과 여유를 닮아가려 하고 있다. 정말 평범했던 나를 롤모델 삼아 이커머스 시장에 뛰어드는 사업가들이 있듯이, 분명히 성공할 당신을 또 다른 누군가가 보며 더 큰 꿈을 키워나갈 것이다. 그러기 위해서 우리는 단순 셀러가 아닌 셀러를 넘어 또 다른 새로운 비즈니스 시장을 열고 그 길을 잘 만들어 놓아야 할 의무가 있다. 내가 매번 셀러들에게 이야기하는 것이 있다.

"우리가 끝까지 살아남기 위해서는 셀러 너머, 그 이상에 있는 것들까지 볼 줄 알아야 한다"는 말이다. 성공할 수 있는 자격은 정해지지 않았다. 누구나 할 수 있으며, 정해진 규칙과 제한도 없다. 실제로 나는 매년 더 다양한 사업 방향성을 제시하며 성장하려고 꾸준히 노력한다. 예를 들어, 현재 진행하는 교육 파트의 다각화와 마케팅 회사, 4PL 회사의 성장, 그리고 독서 100권 채우기 등 연말마다 동기를 부여하고 목표를 세워 단순 셀러를 넘어 성장하는 사업가가 되려고 한다. 그리고 반드시 목표를 만든 후 실행할 수 있는 시스템을 탄탄히 만드는 것도 중요하다.

매해 사업과 경제 전망은 어두울 수 있다. 하지만 어두운 곳에서도 분명 희망의 등불을 밝힐 수 있다. 추울 것을 예상해 두꺼운 옷을 입고 나가면 어느 정도 견딜 수 있는 것처럼 말이다. 반대로 예상하지 못하고 얇은 옷을 입고 나간다면 매서운 추위에 덜덜 떨 수밖에 없다. 어느 때보다도 더 경제가 어려워진 요즘 더 많은 사람에게 롤모델이 될 수 있는 좋은 기업가가 되기 위해 노력하는 자세로 임하는 한 해를 보내려 한다. 당신도 매해 늘 승리하는 사업가가 되길 바란다. 단순 부와 명예만 바라보는 사업가가 아닌 그 너머까지 볼 수 있는 사업가가 되길 응원한다.

당신에게
전하고 싶은 말

모두가 부러워하던 대기업을 박차고 나왔을 때 나의 모습은 지금의 투트랙이라는 사람의 모습과 거리가 멀었다. 특히 2000년대 초반에는 이커머스라는 단어가 생소했을뿐더러 사업이라기보다, 인터넷 쇼핑몰이라는 인식이 더 강한 시기였기에, 사실 나는 부모님과 지금의 내 와이프이자 당시 여자친구에게도 사업 초기 당시, 퇴사 사실을 알리지 못했었다. 고정적인 월급을 받으며 꽤 안정적으로 살았던 내 삶들을 뒤로하고 불확실한 미래에 내 모든 것들을 던진다는 것 자체가 어쩌면 사업의 시작과 동시에 포기하고 싶었던 순간이지 않았을까 싶다. 단지 허물만 좋아 보이는 사업을 아무런 정보도 없이 시작했으니, 그 도전 자체가 나의 사업 인생에서 가장 힘들었던 기간이었다.

아무런 탈 없이 잘 다니던 대기업에서 퇴사를 알렸을 때, 동기들과 주변 사람들은 마치 내가 큰일을 하러 갈 것이라고 생각을 했던 모양이었다. 하지만 인터넷 쇼핑몰 사업이라니, 나를 안타깝게 보며 아쉬운 소리를 했던 사람들이 한둘이 아니었다.

'좋은 학교 나와서 왜 사서 고생을 하냐?', '인터넷 쇼핑몰 하면 돈 얼마나 버냐?' 등 안부를 위장한 비난이 나에게는 큰 괴로움과 충격으로만 다가왔다. 그중에서도 가장 괴로웠던 순간은 현재 내 와이프와 부부 동반 모임에 나갔을 때였다. 와이프 친구들의 남편은 이름만 대면 알 만한 기업들에 종사하는 분들이 많으셨다. 분기별로 잦은 모임을 가졌는데, 그 많은 사람 중, 나 혼자만 사업을 하는 사람이었다. 혼자 사업을 하다 보니, 당연히 다들 내 사업에 대해 궁금해했다. 그 당시 누군가에게 인정받을 만한 성과가 없었던 때라 답변을 해주기 난감할 때가 많았는데, 그런 날들이 반복되다 보니 나 스스로에게 화가 나는 것이 아닌가? '큰 목표를 가지고 내 인생을 위해 사업을 시작했는데, 내 기준이 아닌 남들의 기준에 눈치나 보다니.' 퇴사를 선언하며 멋지게 나왔던 내 뒷모습을 곱씹으며 스스로 그런 안타까운 시선에 마냥 움츠러들고 작아지는 것이 아닌, 괴로운 시간을 기회로 만들어 보자는 마음이 들었다. 그리고 남들이 알아주지 않는 작은 이커머스 시장에 기여해 더 넓히고 싶다는 생각을 하며 더 높은 목표를 잡았던 것 같다. 나는 이 기간이 사업다운 사업을 하려고 더 많이 사유하고 고민할 수 있었던 기회였다고 생각한다.

그 이후 이커머스 사업은 코로나의 여파로 인해 2019년도부터 급격하게 셀러들이 많아지면서 기하급수적으로 확장되었다. 생각지도 못한 코로나가 장기적으로 자리잡자 많은 사람이 너도나도 이커머스 사업을 시작해 해외 구매대행 시장과 병행 수입 시장의 판이 커지는 것을 체감할 수 있게 되었는데, 사실 그때까지만 하더라도 나는 잠깐 흥행하는 사업으로만 생각했다. 하지만 이제 이커머스 사업도 이전과는 달리 하나의 트렌드로 자리 잡았다. 그만큼 관련된 머니 파이프라인이 많아졌고, 부업이 아닌 전업으로 택하는 사람도 많아졌다.

나는 2009년에 처음 해외 구매대행을 시작해 지금은 다양한 이커머스 사업을 확장한 회사를 운영하는 중이다. 나름대로 이 바닥에 오래 있었다고 말할 수 있는 인물 중 한 명이다.

이커머스 사업을 오래한 내가 여전히 이 시장에 큰 매력이 있다고 생각하는 이유는, 이 사업도 하나의 비즈니스인지라 저마다의 방법이 있고, 시간이 흐를수록 각자의 노하우와 기술이 생기기 때문이다. 어느 사업이든 기술과 노하우가 필요하지만, 특히 내가 몸 담고 있는 이커머스 사업은 사업가 각자가 가진 독특한 스킬과 노하우가 반드시 필요하다. 그러나 엄청난 수고스러움 때문인지 생각 외로 중간에 사업을 포기하는 사람들도 제법 볼 수 있다.

당신이 만약 이 사업을 하게 된다면 다양한 사람들을 만날 수 있을 것이다. 강의를 하다 보면 아직 교복을 입고 있는 학생, 주부 혹은 대기업 직장인, 약사 등 다양한 직업을 가진 사업자들을 많이 만난다. 그들 또한 달콤한 미래를 그리며 행복한 상상으로 이 시장에 들어올 것이다. 물론 그들 중 자신의 목표를 이룬 사람도 상당하다.

부푼 꿈을 안고 교육을 받고 이커머스 시장에 뛰어들었지만 다시 본인의 자리로 돌아간 나머지 사람들의 공통점에 대해 오랜 기간 이커머스 사업에 몸담은 사람으로서 그들을 토대로 몇 가지 원인을 분석해 보았다.

첫 번째는 마냥 쉽게 생각하고 들어온 탓이다. 현재 이커머스 사업을 진행하는 사업자들을 상대로 여러 교육을 하고 있는 나는 수업을 시작하기 전 반드시 물어보는 것이 있다. "어떻게 이 사업에 대해 알고 찾아오셨나요?"다. 다양한 대답들이 나오는데, 그중 최근 들어 가장 많은 대답이 "유튜브를 보고 왔다"는 것이다. 요즘 나이대를 불문하고 누구나 스마트폰으로 유튜브를 시청한다. 유튜브에는 정말 다양한 영상들이 있는데, 요즘 사람들은 예전과 다르게 TV보다 유튜브를 더 많이 본다. 나도 유튜브에 영상을 찍어 올리며 나를 홍보하고 이커머스 사업을 홍보하고 있다. 유튜브로 진입했다면 대부분 '돈 버는 방법, 부업, 창업, 성공하는 방법'으로 검색해 영상을 보았을 것이다.

해당 키워드로 검색했을 때 엄청나게 많은 유튜버의 영상들을 확인할 수 있다. 대부분 영상 제목들이 '소자본으로 사업할 수 있다, 온라인 사업은 오프라인 창업 비용이 들지 않는다' 등이다. 자본 없이 쉽게 돈을 벌 수 있다는 쇼킹한 문장들로 비교적 이 사업의 진입 장벽을 낮춰 쉽게 생각할 수 있게끔 설명한 영상들이다. 하지만 여기서 한 가지 당부하고 싶은 것이 있다. 결코 당신이 생각하는 것만큼 쉽지 않다는 것이다. 수많은 인내와 노력, 그리고 빠르게 진화하는 트렌드와 변하는 판매 정책, 유입되는 경쟁자들을 감안했을 때, 편하게 진행할 수 있는 사업은 절대 아니다. 가벼운 마음과 헐렁한 정신으로 사업자등록증과 통신판매업을 발급하고 이 시장에 들어오게 된다면, 제대로 된 판매조차 하지 못한 채 접을 확률이 높다.

두 번째는, 안전거리 확보에만 열을 올린다는 것이다. 온라인 사업도 오프라인처럼 똑같은 사업이다. 그렇기 때문에 때로는 크고 작은 리스크가 있다. 예를 들어, 내가 판매하는 상품을 다른 사람도 판매할 수 있다. 그렇게 되면 결국 가격 싸움이 될 수밖에 없는데, 그것을 피하기 위해서는 재고를 가지고 있어야 안정적인 공급에서 우위를 선점할 수 있다. 재고를 떠안기 싫어서 직원을 고용해 단순 업무를 시키는 것도 가능하다. 그렇게 되면 효율은 올라가도 반대로 인건비가 나가게 될 것이다. 이러한 것들을 해결할 수 있는 것이 반자동 프로그램 사용이다. 프로그램 사용으로 인한 적은 지출로도 반복 작업의 시간이 줄고 고정비까지 줄일 수 있다. 시간을 쏟아부으며 지출을 줄였다고 안심할 문제가 아니다. 무엇이 효율적인지를 생각해야 한다.

세 번째는 작은 상처에도 쉽게 포기한다는 것이다. 이커머스 사업 특성상 구매자와 자주 부딪히게 된다. 전쟁으로 따지면 최전선인 셈이다. 전쟁터이니 당연히 총탄이 오가고, 곳곳에 지뢰까지 설치되어 있다. 직장 생활을 할 때는 이러한 고충을 겪지 않아도 될 수도 있고, 있다 하더라도 책임이 제한적일 것이다. 하지만 내 사업일 경우에는 말이 달라진다. 결국에는 내가 다 처리하고 감내해야 한다. 그 과정에서 오만가지 부정적인 감정과 수많은 상처를 입을 수 있다. 마음의 병이 크게 생길 수도 있을 것이다. 그러한 것들이 쌓이다 보면 작은 말에도 큰 상처로 남을 수 있다. 때론 나도 사람인지라 다 포기하고 싶은 순간이 있다.

솔직하게 말하자면 뚜렷한 대책 방안은 없다. 결국 내 기술과 노하우를 만들어 가며 스스로 버텨야 한다. 마음을 단단히 먹고, 노력한다면 모든 일이 순조롭게 진행되고 내가 꿈꾸던 액수의 돈이 벌어질까? 그렇지 않을 확률이 더 높다. 무조건 노력한다고 다 되는 것은 아니기 때문이다. 그럼 어떻게 해야 돈을 벌 수 있을까? 모두가 말하는 대로 열심히 살고, 노력하고, 무조건 배우는 자세로 임하고, 가설을 세우고, 그 가설을 토대로 검증을 하면 될까? 이러한 것은 노력이 아닌 사업의 기본이다. 사실 이것만으로 성공할 수 있을지는 미지수다.

본인의 꿈을 이루며 돈을 번 사람들은 이 기본을 중요하게 생각했다. 그리고 본인만의 공식을 만들었다. 그 공식 안에는 본인의 희망이 담겨 있을 것이다. 돈을 벌고 싶다면 당장 해야 할 일은 막연한 희망이나 대안 없는 절망이 아닌, 희망의 근거를 만드는 것이다. 열심히 해야 하는 것은 기본이고 배워야 하는 것도 기본이며 잘 안 될 수 있는 것도 당연하다. 그럼에도 불구하고 희망을 가져야 하는데, 그 희망은 실행이라는 조건이 있어야 품을 수 있다. 희망의 조각을 모으자. 그렇게 된다면 나 스스로 뭔가 달라지는 것이 있지 않을까?

꾸준함은
재능을
압도한다.

꾸준한 운동은
사업의 인내심을 길러줄 것이다.

처음 나에게 출판 요청이 들어왔을 때 '과연 나 같은 사람도 책을 쓸 수 있을까?'라는 생각이 들어 깊은 고민에 빠졌다. 그러다 문득 이 또한 나에게 또 다른 도전이 되지 않을까 하는 생각과 이 책을 통해 사업가 투트랙에 대한 기록을 남기고 이 책을 읽는 다른 사업가들에게도 작게나마 목표를 이룰 수 있게 도움을 줄 수 있을 거라는 자신감이 들어 블로그에 이 글을 작성하기 시작했다.

우선 이 책은 부자를 꿈꾸는 사람들에게 많은 활용법이 될 수 있을 것 같다.

첫 번째로 어떠한 조직에 속해 조직원으로 일을 했다거나

종업원으로 일을 한 사람들이 이제는 종속자가 아닌 직접 생산자가 되어 사업을 하게 된다고 가정했을 때, 생각의 전환점이 될 수 있는 긍정적인 기회가 될 수 있을 거라는 생각이 들었다. 그리고 10년 넘게 이커머스 시장에서 사업을 하고 있는 사람이 아직까지도 큰 흔들림 없이 사업을 진행하고 있다는 좋은 본보기가 될 수도 있지 않을까 생각했다.

나는 분명 대단한 사람이 아니다. 나 또한 다른 사람들처럼 과거에는 조직에서 근로자 생활을 했고, 나만의 꿈을 만들고 키워 결국 나의 조직을 만들었다. 비록 이것을 유지하는 동안 굉장히 큰 어려움과 고난이 있었지만, 그것들을 통해 알게 된 생각이라든지 노하우와 지혜들을 모두 이 책에 담을 수 있었다. 그렇기 때문에 나와 반대의 생각을 가진 사람과 부정적인 생각을 가지고 있는 사람들도 이 책을 읽게 된다면 '이 사람은 이렇게 생각하는구나' 하는 또 다른 새로운 시각을 엿볼 수 있는 좋은 예시가 될 수 있을 것이다. 특히 초보 사업가에게는 리스크와 시행착오를 최대한으로 줄여줄 수 있는 좋은 본보기가 될 수 있는 책이라고 생각한다.

사실 개인적으로 나는 이 책을 우리 아이에게 주고 싶은 마음이 가장 크다. 어린 시절, 나는 아버지에 대한 기억이 거의 없을 정도로 아버지와의 추억이 많지 않다. 그 영향으로 어른이 경제 활동을 하고 가정을 부양하며 살아간다는 무게와 책임에 대해 간접적으로도 느껴본 적이 많지 않았다. 그래서 나는 이 책을 우리 아이들에게 보여주고 싶다. 어른이 되어 사회에 나와 경제 활동을 하며 조직을 이끌어 나가고 지속 가능한 사업을 하면서 얻게 된 아버지의 생각, 사업 선배 혹은 가까운 형(오빠)의 생각을 알려줄 수 있는 기회가 되었으면 한다. 이제 막 사회에 나온 젊은 청년들이나 사업가 후배들이 이 책을 본다면, 만일 인생의 갈피를 못 잡는 상황이 온다거나 선택하는 것에 큰 어려움을 겪게 된다면 이 책으로 부족하나마 작은 지혜를 얻어갔으면 한다.

큰 부와 성공을 이룰 준비가 되었는가? 성공한 사업가이기 전, 기본을 중요시하며 감사함과 초심을 잃지 않는 탄탄한 어른이 되길 바란다. 우리 모두 정상에서 만나길 고대해 본다.

나는 더 천천히 부자가 되기로 했다

ⓒ이규환, 2023

초판 1쇄 인쇄 2023년 7월 13일
초판 1쇄 발행 2023년 7월 21일

지은이	이규환(투트랙)
편집인	권민창
책임편집	정윤아
디자인	지완
책임마케팅	윤호현, 김민지, 정호윤
마케팅	유인철, 이주하
제작	제이오
출판총괄	이기웅
경영지원	김희애, 박혜정, 최성민

펴낸곳	㈜바이포엠 스튜디오
펴낸이	유귀선
출판등록	제2020-000145호(2020년 6월 10일)
주소	서울시 강남구 테헤란로 332, 에이치제이타워 20층
이메일	mindset@by4m.co.kr

ISBN 979-11-92579-91-7 (03190)

마인드셋은 ㈜바이포엠 스튜디오의 출판브랜드입니다.